Leonhard F. Seidl (Hrsg.)

Tatort Fränkisches Seenland

Kurzkrimis

ars vivendi

Originalausgabe

3. Auflage Juli 2025
1. Auflage August 2020
© 2020 by ars vivendi verlag
GmbH & Co. KG, Bauhof 1,
90556 Cadolzburg
Alle Rechte vorbehalten
info@arsvivendiverlag.de
www.arsvivendi.com

Umschlaggestaltung: FYFF, Nürnberg
Motivauswahl: ars vivendi
Coverfoto: © mauritius images / Ernst Wrba
(Brombachsee, Strandbad Enderndorf)
Druck: Custom Printing, Warschau Gedruckt
auf holzfreiem Werkdruckpapier der
Papierfabrik Arctic Paper

Printed in Europe

ISBN 978-3-7472-0182-4

Tatort Fränkisches Seenland

Inhalt

Altmühlsee
Martin von Arndt · Das Evangelium nach Karlheinz — 8

Großer Brombachsee
Horst Eckert · Drei Taschen für Mama — 31

Dennenloher See
Pauline Füg · Immer schön entspannt bleiben — 45

Hahnenkammsee
Tommie Goerz · Weidmanns Ruh — 69

Wolframs-Eschenbach
Thomas Kastura · Parzival für Anfänger — 84

Igelsbachsee
Tessa Korber · Begegnung im Nebel — 103

Rothsee
Friederike Schmöe · Mord auf dem Rothsee — 117

Abenberg
Leonhard F. Seidl · Drachen — 145

Kleiner Brombachsee
Roland Spranger · Ich bleib auf keinen Fall alleine hier — 176

Die Autorinnen und Autoren — 197

Martin von Arndt
Das Evangelium nach Karlheinz

Altmühlsee

Die Sonne spiegelte sich auf dem See. Hell. Grell. Seeweiß. Die Lichtpunkte blitzten bald hier, bald dort auf. Das Glitzern schmerzte in ihren Augen. Nach sechs Stunden Fahrt, davon zwei im Stop-and-go zwischen Frankfurt und Würzburg, war sie erschöpft. Sie hätte sich gern ausgeruht, aber sie durften keine Zeit verlieren. Sie kramte ihre Sonnenbrille aus dem Rucksack und setzte sie auf. Dann schluckte sie Triptane und eine Kopfschmerztablette gegen die anbrandende Migräne. Der altbekannte, bittere Geschmack im Mund. Sie zählte bis dreißig und versuchte ihn zu ignorieren.

Die Lichter auf dem Wasser gewannen an Größe, hoben sich immer deutlicher vom Windradpark auf der anderen Seeseite ab. Sie schirmte die Augen gegen die Sonne ab, um besser sehen zu können. Dann hörte sie einen jungen Mann hinter sich sagen: »Das sind Kites. Man kann auf dem Altmühlsee ganz gut surfen.«

Ihr Lachen war viel höher als ihre dunkle, rauchige Sprechstimme. »Ich bin am Ladogasee aufgewachsen. *Das* ist ein See. Das hier ist ein Tümpel.«

»Aber einer, auf dem man ganz gut surfen kann.«

Sie drehte sich um. Der Mann war gleich groß wie sie, schmaler Körperbau, die blaue Uniformhose schlackerte an seinen Beinen. Sie schätzte ihn auf Ende zwanzig. Er hatte schnell gesprochen, die harten Konsonanten vernuschelt.

»Passek, Lukas. Gunzenhäuser Polizei.«

»Irina Starilenko. Bundeskriminalamt.«

»Sie stammen aus Russland?«

»Aus der Sowjetunion. Meine Familie ist 1990 nach Deutschland gekommen. Russland gab's damals als souveränen Staat noch gar nicht.«

Er nickte. Sie schien ihm nichts Neues zu erzählen – eine Seltenheit für Jungs in diesem Alter. Dann sah sie wieder einen Lichtblitz und konzentrierte sich auf ihren Atem, den zunehmenden Wind, das Anbranden des Wassers am Ufer und das Rauschen im Schilf.

»Beschissen idyllisch, nicht? Bis vor drei Tagen lag hier noch der Hund begraben, und die Leut hatten vergessen, wo sie ihn begraben haben.«

Sie fixierte ihn. Ein hübscher Junge, aber er trug einen Zug von Bitterkeit um den Mund und würde vorschnell altern.

»Manchmal ist's besser, wenn man nicht zu genau weiß, wer wo begraben liegt.«

Er schob sich achselzuckend die Polizeimütze in den Nacken.

»Okay, Lukas: Ich bin extrem früh rausgeklingelt und hierherbeordert worden. Kein Frühstück, kein Mittagessen, dafür sieben oder acht Tassen Kaffee. Und Migräne. Was genau …?«

»Das liegt am Wetter. Zu warm für Mitte Februar. In dieser Gegend liegt's eigentlich immer am Wetter.«

Sie antwortete nicht, starrte ihn unverwandt an.

Er stammelte: »Wegen Migräne … ja, dann fangen wir dort an …«

Er zeigte auf das gegenüberliegende Ufer und machte eine einladende Geste, ihm zum Einsatzwagen zu folgen. Nachdem sie losgefahren waren, sagte Lukas: »Vor drei Tagen um sieben Uhr morgens hat eine Joggerin am Ostufer des Altmühlsees eine Leiche gefunden. Joachim Reingarth, sechzig Jahre, aus Ansbach. Unsere Rechtsmedizinerin sagt, dass er an inneren Verblutungen durch einen Stich in die Leber gestorben ist. Vorher wurde er betäubt mit Fluna... Flunitri–«

»Flunitrazepam. K.-o.-Tropfen.«

»Ja. Chemie war nie meine Stärke. Obwohl mein Vater meinte, dass ich in den andern Fächern noch mieser –«

»Beileid. Weiter!«

»Der Mann war Sozialarbeiter. Scheinbar keine Probleme im privaten Umfeld. Nichts für euch. Aber um ein Uhr vorgestern Nacht ist die Feuerwehr ausgerückt, weil's gleich an zwei gegenüberliegenden Seeseiten gebrannt hat.«

Lukas zog sein Smartphone, entsperrte es mit dem Daumen und gab es an Irina weiter. Sie schaute die Fotos durch, sah Feuer in der Nacht, ein brennendes Kreuz, ungefähr drei Meter hoch, ein zweites, das in einem anderen Winkel zum See stand. Dann das Bild eines PC-Ausdrucks. Sie vergrößerte es mit zwei Fingern: das Bekennerschreiben für den Mord an Reingarth sowie der Hinweis auf zwei weitere Leichen, die in der Nähe der brennenden Kreuze abgelegt worden waren. Schließlich die Fotos der toten Körper.

»Pervez Zeeshan, einundfünfzig Jahre. Ein aus Pakistan stammender Salafistenprediger, lebte in Fürth. Wichtiger Mann in der Szene. Und Carlotta Neumeier, neununddreißig Jahre. Sitzt für die CSU im Kreistag für den Wahlkreis Nürnberger Land. Beide betäubt –«

»Stich in die Leber, innerlich verblutet. – Die Neumeier hat deutschlandweit Schlagzeilen gemacht, weil sie sich für die Aufnahme von Flüchtlingskindern aus Lesbos eingesetzt hat. Deshalb haben Sie das BKA informiert.«

»Wir sind die Gunzenhäuser Polizei. Die Kripo behandelt uns entsprechend, trampelt meist nur gelangweilt herum und sabotiert unsere Ermittlungen.«

Sie waren am ersten Leichenfundort angekommen, der laut vorläufiger Kriminaltechnischer Untersuchung nicht der Tatort war. Irina sah sich prüfend um, bestimmte die Distanz zum Versorgungsweg, den sie gekommen waren.

»Das Bekennerschreiben ist knapp gehalten, da steht nichts zu den Hintergründen. Wenn ich mir als Täter die Mühe mache, meine Morde so zu inszenieren, nutze ich doch die Gelegenheit, zu sagen, wer ich bin und warum ich das tue.«

»Gibt's daran irgendeinen Zweifel, Irina?«

»Sie meinen: ein psychisch gestörter Einzeltäter, der aus unerfindlichen Gründen ausgerastet ist?«

»Ganz und gar nicht, das Spielchen hat die Polizei viel zu lange gespielt. Nein, wir waren hier schon Nazis, als man im Rest des ›Reichs‹ noch gar nicht wusste, wie man das schreibt. 1928 hatten wir heftige antisemitische Ausschreitungen.«

Irina hob eine Augenbraue. Das ging ihr entschieden zu schnell. »Zeigen Sie mir die anderen Fundorte, Lukas.«

Er chauffierte sie wieder, Irinas Blick schweifte über die Landschaft. Eigentlich traumhaft schön, dachte sie, diese Seenplatte und die alten Städtchen, die sie auf dem Weg hierher durchfahren hatte. Dann spürte sie, wie der Schmerz allmählich nachließ. Es war eine ungeheure Erleichterung, auch wenn sich in diesem Zustand immer ein leichter Kater breitmachte. Sie hatte im Monat noch immer drei- bis viermal Migräne, was, so sagten die Ärzte, möglicherweise an ihrem Hormonspiegel lag, dessen Östrogenwerte zu niedrig und dessen Testosteronwerte zu hoch für eine Frau waren.

Sie sah, wie Lukas sie von der Seite ab- oder einzuschätzen suchte. Sie konnte es ihm nicht verdenken, auch wenn sie sich wünschte, dass das irgendwann einmal aufhören würde.

Letzte Woche war sie siebenunddreißig Jahre alt geworden. Sie hatte ihren Kurzhaarschnitt zur Feier des Tages nachtschwarz färben und noch etwas stärker trimmen lassen. Ihre Gesichtszüge waren durchaus mädchenhaft, aber ihr knapp eins achtzig großer, von Wing Chun durchtrainierter, sehniger Körper irritierte jeden Mann. Und jede Frau. Sie hatte es mit Beziehungen zu beiderlei Geschlechtern versucht, aber immer wieder Schiffbruch erlitten, weil ihre Partnerinnen und Partner in den entscheidenden Momenten dann doch immer wieder eine Cis-Frau gesucht hatten.

In der Sowjetunion hatte sie gelernt, mit einem Geschlecht zu leben, das nicht das ihre war. Oder nie so ganz. Offiziell gab es dieses Thema gar nicht, sie hatte Glück, dass ihre Eltern aufgeklärt (die Sowjets hätten gesagt: bourgeois) genug waren, sie nicht operieren zu lassen, um ihrer Geschlechtsidentität eine »klare Richtung« zu geben. In Deutschland zog sie sich im Schulsport wegen ihrer Laufzeiten von Anfang an die Missgunst ihrer Mitschülerinnen (der »Mädchen-Mädchen«) zu. Irina musste ununterbrochen beweisen, dass sie wirklich weiblich war. Auch wenn sich in den letzten Jahren manches verändert hatte, hatte sie sich auch beim BKA zähneknirschend daran gewöhnen müssen, mit »Frau Starilenko« angesprochen zu werden, obwohl sie sich nicht wie Frau Starilenko fühlte. Aber eben auch nicht wie Herr Starilenko. Sondern einfach wie – Irina Starilenko. Irischa.

Schweigend waren sie zum zweiten, dann zum dritten Fundort gefahren. Sie hatte Fotos gemacht, insbesondere von den frischen Reifenspuren, und persönliche Notizen in ihr Smartphone gesprochen (auf Russisch – eine alte Angewohnheit, weil sie sich auch vermeintlich Abstruses notierte und keine Lust hatte, deshalb von den Kollegen abschätzig behandelt zu werden). Zurück im Wagen warf sie einen Blick in die vorläufigen Berichte von KTU und Rechtsmedizin. Bislang wenig Verwertbares.

»Kommen wir über das Holz der Kreuze an die Leute ran, Lukas?«

»Negativ. Billigware aus dem Baumarkt. Aber die Feuer sind zeitgleich und laut Feuerwehrbericht ohne Fernzündung ausgelöst worden, es müssen also mindestens zwei Täter sein.«

»Davon kann man bei etwas so Durchgeplantem ausgehen. – Die Rechtsmedizin sagt, dass die Opfer standen, als sie den tödlichen Stich erhielten. Keine Abwehrverletzungen. Die Stichkanäle bei Reingarth und dem Prediger lassen auf von oben ausgeführte Bewegungen schließen. Reingarth ist eins fünfundachtzig, also muss mindestens einer der Täter deutlich über eins neunzig sein. Aber was mich stutzig macht ... ich betäube meine Opfer, dann töte ich sie durch einen Stich in die Leber? Es dauert ewig, bis sie verblutet sind. Warum steche ich nicht direkt ins Herz?«

Lukas schien nicht achtgegeben zu haben, verscheuchte eine verfrühte Stechmücke – Irina antwortete sich selbst: »Weil ich Spaß an ihren Todesqualen habe? Vielleicht habe ich die Tat sogar gefilmt.«

Lukas wand sich sichtlich. Sie herrschte ihn genervt an: »Was?«

»Und wenn's so was wie ein Ritual war?«

»Ein Ritual? Geht's noch komplizierter?«

»Brennende Kreuze ...?«

»Auf einer der Infotafeln steht, dass der Altmühlsee gerade mal vierzig Jahre alt ist. Ich komme aus der Nähe von Detmold – wenn jemand an den Externsteinen Leichen ablegt, okay, dann ist das neuheidnisches Klimbim. Aber hier?«

»Sie meinen, das sagt uns gar nichts, Irina?«

»Doch. Die Täter sind von hier, auch wenn die Opfer Auswärtige sind. Sonst hätten sie die Leichen nicht so demonstrativ um den See herum gruppiert und dabei Schleichwege benutzt, die vermutlich nur Einheimische kennen. Und dass sie zwischen fünfunddreißig und fünfundfünfzig Jahre alt sind. Für Jüngere ist die Wortwahl zu geschraubt. Also wenn – ich sage: *wenn!* – es sich um Rechtsextreme handelt, dann eher um gestandene Szeneleute, aber sicher nicht Alt-Right oder Identitäre.«

»So was haben wir noch gar nicht. Das dauert wahrscheinlich noch hundert Jahre, bis –«

»*Job twoju mat …!* Lukas, wenn hier alles so scheiße ist, dann lassen Sie sich doch einfach versetzen!«

Irina schloss die Augen, konzentrierte sich auf ihre Atmung, wie sie es im Wing Chun gelernt hatte. Dann sah sie zu Lukas hinüber, dessen Gesicht merkwürdig konzentriert und interessiert wirkte. Jedenfalls schien er nicht gekränkt zu sein.

»Okay, okay«, sagte sie, »bringen Sie mich zu meinem Auto, dann fahren wir getrennt auf Ihre Dienststelle. Ich muss das mit der PMK telefonisch abklären, hier hab ich keinen Empfang. Anschließend schauen wir uns Ihre braunen Häuptlinge an. Ich gehe davon aus, dass Sie jeden von denen persönlich kennen.«

Lukas nickte. »Und vielleicht treiben wir für Sie noch ein Salätchen auf.«

»Es darf auch ein Schweineschnitzel sein. Nicht alle Städter sind vegan.«

In der Rechercheabteilung der »Politisch motivierten Kriminalität« des Staatsschutzes arbeitete ein Kollege, den Irina nicht ausstehen konnte, der aber eine unbestrittene Koryphäe auf seinem Gebiet war. Als er abhob, hörte sie nur ein Schnaufen in der Leitung – Steinau, der einen halben Kopf kleiner, dafür gefühlt vierzig Kilo schwerer als sie war, meldete sich prinzipiell nicht namentlich. Er war Ende fünfzig, strahlte eine unangenehme Mischung aus Arriviertheit und Arroganz aus und nannte sie seit ihrer ersten Begegnung »Stalin«. Irina sprach in Telegrammstil, fasste die wenigen Ergebnisse zusammen. Dann fragte sie: »Irgendwelche Aktivitäten eines deutschen Ablegers des Ku-Klux-Klan in der Gegend?«

Steinau ließ ein asthmatisches Ausschnaufen hören. »Wo genau bist du, Stalin?«

»Gunzenhausen. Das ist –«

»Halber Weg zwischen Ansbach und Ingolstadt. Wir hatten im Umfeld des NSU Klan-Aktivitäten in Schwäbisch Hall ermittelt – denkbar, dass da einige aus Franken kamen. Aber drei spektakuläre Morde ...?«

»Andere Idee?«

Schweigen. Schnaufen.

»*Als sie aber zu Jesus kamen und sahen, dass er schon gestorben sei, zerbrachen sie seine Beine nicht: sondern einer von den Soldaten öffnete seine Seite mit einem Speer, und sogleich kam Blut und Wasser heraus.* Das ist aus dem Johannesevangelium, Stalin. Schon mal an die christliche Rechte gedacht?«

»Ich dachte, der Klan *ist* die christliche Rechte.«

»Der Klan spielt mit den Symbolen. Ich meine Fundichristen: Christian Identity, Aryan Nations.«

»Wir reden schon noch von Deutschland, Steinau?«

»Deutschland, Amerika, Kongo – wumpe! Wer eine Zelle bilden will, bildet eine Zelle und bedient sich bei Manifesten, die man aus dem Netz lädt und ineinander verwurstet. Hast du gewusst, dass in den letzten dreißig Jahren mehr Menschen durch christlichen Terror gestorben sind als durch islamistischen?«

»Ein Grund mehr, diesen ganzen religiösen Bullshit endlich loszuwerden.«

»Weil das bei euch in der Sowjetunion auch so super funktioniert hat!«

Beide schwiegen. Irina war nicht religiös sozialisiert, ihre Eltern hatten keinerlei Interesse daran gehabt, und das hatte sich in Deutschland auch nicht geändert. Es war ihr blinder Fleck: Sie war mit christlicher Symbolik, den Riten und Dogmen nicht vertraut und spürte ein deutliches Unbehagen bei dem Gedanken, dass sie sich jetzt damit auseinandersetzen musste.

»Stalin, diesen Leuten gehört die Zukunft! Nicht irgendwelchen Glatzen oder Identitären. Ihr ›politischer Arm‹ kontrolliert schon heute Teile der US-Regierung. Und falls die Staaten irgendwann mal auseinanderfallen und die im Bible Belt ein eigenes Land bekommen, haben solche Typen Atomwaffen.«

»Okay, ich werde unseren amerikanischen Freunden bei Gelegenheit nen Tipp geben. Irgendeine Idee für den aktuellen Fall?«

»Haltet Ausschau nach Renegaten. Leute aus dem rechten Umfeld, die irgendwann nicht mehr bei den üblichen Treffen aufgetaucht sind. So läuft das jedenfalls in den USA:

Sie lassen sich auffallende Kreuze stechen, meist über die alten ›18‹- oder ›88‹-Tattoos. Aus einer Eins lässt sich prima ein Kreuz machen.«

Lukas erwartete Irina tatsächlich mit einem lauwarmen Schnitzel und den neuesten Informationen aus der KTU: Auf der Kleidung der Opfer wurden weiße Hundehaare gefunden; außerdem trugen Zeeshan und Neumeier die DNS des jeweils anderen an ihrer Kleidung, waren also mutmaßlich im selben Fahrzeug eng nebeneinander transportiert worden. Und die Reifenspuren an den Fundorten stammten nur von einem Fahrzeug – schwer, Jeep, Offroader, mehr ließ sich im Moment nicht sagen.

»Okay. Ich betäube und kidnappe die beiden mit meinem Kameraden, vielleicht bringe ich ihnen schon jetzt die tödlichen Stiche bei. Dann fahre ich ihn und eines der Opfer zum ersten Kreuz und ziehe mit dem zweiten weiter. Ich lege den Körper ab und zünde das Kreuz an. Ich komme schnell wieder weg, hab ja ein Auto, aber der andere, zu Fuß …?«

»Wahrscheinlich hatten sie einen Treffpunkt. Es hat gedauert, bis jemand die brennenden Kreuze bemerkt hat.«

Irina nickte. Sie nahm höflichkeitshalber einige Happen zu sich, dann antwortete sie auf Lukas' fragenden Blick: »Wir sollen nach ehemaligen Einsen Ausschau halten.«

»Einsen …?«

»Du hast bestimmt schon eine Aufstellung mit interessanten Typen.«

»Eigentlich nur einen, der in dein Profil passt: Gerri.«

Das Du war ihr nach dem Gespräch mit Steinau einfach so herausgerutscht. Die sich weitenden Pupillen von Lukas und sein selbstverständliches Aufgreifen der Anrede zeigten ihr, dass es keine Grenzüberschreitung war.

»Gerald Müller, eins sechsundachtzig, vierundvierzig Jahre. Ein ehemaliger Skin, der sich in den Neunzigern im Osten ausgetobt hat. Lebt seit ein paar Jahren wieder hier, hat sich einen runtergekommenen Bauernhof gekauft und macht irgendwas mit völkisch-ökologischer Landwirtschaft. Wir haben ihn nur für kleinere Geschichten drangekriegt, dann Bewährung, und die war immer abgelaufen, bevor er wieder Scheiße gebaut hat. Kennt die rechte Szene in Bayern und hat die Vernetzung mit Thüringen und Sachsen mitorganisiert.«

»Fein. Statten wir Gerri mal einen kleinen Besuch ab.«

Sie waren bereits auf dem Weg, als Lukas nachdenklich sagte: »Es gibt da nur ein Problem, Irina ... warum wir ihn immer nur wegen Kleinigkeiten am Haken hatten ...«

»Gerri ist V-Mann für die Thüringer.«

»Für die Sachsen. Vermutlich.«

»Ich bin vom BKA, ich lege mich mit Vorliebe mit den Verfassungsschützern an, Lukas.«

Gerris Bauernhof war noch immer kein Schmuckstück. Als sie ankamen, wurden sie von wütenden schwarzen Kettenhunden verbellt. Vor der Scheune stand ein dreckverkrusteter dunkler SUV mit einem »Frei, sozial und national«-Aufkleber. Irina verglich das Reifenprofil mit dem auf den Fotos auf ihrem Smartphone. Dann hörte sie Gerris aggressive Stimme, schon viel näher, als sie erwartet hatte.

Wie bereits vermutet, war die Befragung ein wenig ersprießliches Hin und Her ihrer Fragen und standardisierter Antwortfloskeln, die sich Gerri von einem gesinnungstreuen Anwalt hatte eintrichtern lassen. Als Irina ganz nah an ihn herantrat, nahm sie eine intensive Zigaretten-Zwiebel-Doppelkorn-Aura wahr.

»Bleib mir vom Leib, Iwan!«

Irina zog ihr Smartphone, drehte sich vor Gerri leicht ein und machte ein Selfie mit ihm. »Gerri: sag ›*isvini*‹!«

»Ey, das darfst du gar nicht, Russenschlampe!«

»Ich darf das gar nicht? Darf ich das gar nicht, Lukas?«

Der Polizist schaute wie ein waidwundes Reh, als Gerri Irina Stirn an Stirn anbrüllte, sie solle das Foto sofort löschen, sonst ...

»Sonst *was*? Ist doch hübsch geworden.«

Gerri griff nach ihrem Smartphone – reflexhaft punchte Irina mit Pak Sao, setzte mit einem Bein nach und ließ ihn wie einen Sack Kartoffeln zu Boden gehen. Gerri stöhnte auf, unerwartet laut und mimosenhaft und hielt sich das rechte Schienbein. Auf Irinas Drängen hin krempelte er das Hosenbein hoch und zeigte eine große Wunde, die nur notdürftig verbunden war.

»Na, was haben wir denn hier?«

»Mein Alibi!«

Gerri habe in der Nacht des ersten Mordes eine kleine Straßenschlacht mit der Leipziger Antifa ausgefochten, die anrückende Polizei habe ihn in Gewahrsam nehmen können, weil er mit der Wunde nicht imstande gewesen sei, schnell zu rennen. Er sei erst heute in den frühen Morgenstunden zurückgekehrt.

Während Lukas bei den Leipziger Kollegen anrief, baute sich Irina vor Gerri auf, sagte ihm in ironischem Ton, dass es sicher nicht so gut käme, wenn er auf Social-Media-Plattformen im Arm einer »Russenschlampe« zu sehen wäre, die fürs BKA arbeite – und wenn man dann noch ausposaunte, dass er sich vom Verfassungsschutz seinen Bauernhof habe finanzieren lassen ...

»Das könnt ihr gar nicht beweisen!«

»*Beweisen* müssen wir nichts. Für deine Kameraden reicht's, wenn wir es *behaupten*.«

Als Lukas mit enttäuschtem Gesichtsausdruck und einem bestätigenden Nicken zu den beiden zurückkehrte, hatte Gerri bereits für seine Verhältnisse ausführlich zu plaudern begonnen und erzählte von zwei Kameraden, die im Laufe des letzten Jahres komplett abgedreht seien und schräges Zeug laberten. Seit einigen Monaten gingen sie eigene Wege, er habe sie nicht mehr gesehen.

»Was für schräges Zeug?«

»Dass wir auf einem Kreuzzug sind, Kämpfer im Namen von Jesus. Und keine schwarzen Shirts tragen dürfen, weil das die Farbe von Satan ist. Könnt ihr euch vorstellen, was meine Jungs denen erzählt haben ...?«

»Thor Steinar druckt wahrscheinlich nicht auf Pink, oder?«

Sie ließen sich Namen und Adressen geben. Es gelang Irina, Gerri einzuschärfen, seine ehemaligen Kameraden besser nicht zu warnen, sonst könne er sein Facebook-Profil schon mal auf »In einer Beziehung« mit Irina Starilenko stellen.

Auf dem Weg zum Auto sagte sie mit Blick auf Lukas' Leichenbittermiene: »Reifenspuren und Hundehaare haben sowieso nicht gepasst. Außerdem ist er zu klein.«

»Er hätte sich bei den Morden auf irgendwas draufstellen können.«

»Du meinst, er bringt einen Schemel mit für seine Hinrichtungen ...? ›Timo Eberl‹ und einer, den sie ›Kusk‹ nannten – einen Vornamen wusste er nicht. Sagt dir das irgendwas?«

»Gar nicht. Das irritiert mich am meisten.«

Der einzige Kusk in der Gegend, dessen Alter zu ihrem Profil passte, war in einem Einfamilienhaus am Gunzenhäuser Stadtrand gemeldet. Als sie klingelten, öffnete niemand, und die verschmierten Fensterscheiben ließen nicht darauf schließen, dass zuletzt jemand hier gewohnt hatte. Die Räume sahen von außen leer aus, in der Küche stapelten sich volle Mülltüten, und die Nachbarn bestätigten, dass sie Kusks Auto seit Wochen nicht mehr gesehen hatten. Irina und Lukas zogen weiter.

Timo Eberl lebte im Souterrain des Hauses seiner verwitweten Mutter. Frau Eberl bat die beiden herzlich herein, schien Kaffee und Kuchen bereits parat zu haben, noch bevor Irina und Lukas den Hausflur überhaupt betreten hatten. Ein weißer Spitz beobachtete sie aus dem Wohnzimmer heraus argwöhnisch.

Auto hätten sie keines, sagte Frau Eberl, während sie unentwegt damit beschäftigt war, das aufgeräumte Wohnzimmer für den Besuch noch ein wenig manierlicher zu gestalten. Sie beide besäßen keinen Führerschein, Timo habe ihn eigentlich nach dem Abi machen wollen, aber dann habe schon das mit dem Abi erst im zweiten Versuch geklappt, und kurz darauf sei sein Vater gestorben, und dann war da die Bundeswehr, Timo habe sich ja verpflichtet, aber dann sei das doch nichts für ihn gewesen, und währenddessen sei ein Jahr ums andere vergangen, und jetzt mache Timo irgendwas mit Computern, und sie dürfe ja gar nicht in seine Wohnung rein, dafür komme er dreimal am Tag zu ihr zum Essen rauf, und sie glaube ja, dass er noch schlafe, er schlafe immer bis in den Nachmittag, aber das liege an den Termingeschäften mit den Computern, weil er da nachts bis nach Börsenschluss in Tokio wach sei, und überhaupt sei er immer ein ganz Lieber gewesen, ein lieber, hilfsbereiter, ordentlicher Junge, weswegen sie auch gar nicht verstehe, dass er sich so schwertue mit den Weibsbildern –.

»Frau Eberl: Vorgestern Nacht und die Nacht davor, wo war Timo da?«

»Ach, diese Woche ist er nachts immer unterwegs, da muss er die Computer holen …«

Irina und Lukas sahen einander an. Dann griff Lukas nach seinem Holster.

Eine Stunde später saßen sie mit Timo Eberl in einem eher improvisiert wirkenden, dunklen Verhörraum der Gunzenhäuser Polizei. Eberl, Ende dreißig, ein vierschrötiger Kerl von eins fünfundneunzig mit deutlicher Neigung, eine Glatze und einen Buckel zu bekommen, hatte sich um seinen Stuhl regelrecht herumgewickelt. Er war müde und verkatert. Irina spendierte zwei Kopfschmerztabletten, um ihn zum Reden zu animieren. Ihm lief der Schweiß in Bächen über die teigigen Wangen.

In seiner Bude hatten sie ein Plakat der Netflix-Serie *Knightfall* und ein Poster von Anders Breivik im Stil eines *Bravo*-Starschnitts für Jungnazis gefunden. Außerdem Bücher über Verschwörungstheorien und Männerbünde, die aber jeweils ein Exlibris seines Kameraden Kusk trugen.

Irina hatte zwanzig Minuten vergebens ein Gespräch zu führen gesucht, bis Eberl endlich wach wurde. Sie hielt einen selbst gebundenen PC-Ausdruck in der Hand.

»Das Manifest von Breivik. Den findste toll, nicht?!«

Eberl zuckte mit den Schultern.

»Was ist so toll an ihm? Dass er es geschafft hat, neunundsechzig unbewaffnete Kids auf einer Insel zu erschießen?«

»Kusk sagt: Er hat kapiert, worum's geht.«

»Hat er das? Worum geht's denn?«

Eberl schwieg. Irina sagte: »Aus der Sache kommst du nicht mehr raus, Eberl. Wir werden die Haare deines Hundes zuordnen, und wir finden garantiert auch deine DNS an den Opfern. Red, wenn du eine Message hast.«

»*Das Schicksal der europäischen Zivilisation hängt davon ab, wie standhaft europäische Männer dem politisch korrekten Feminismus widerstehen.*«

»Ist das von deinem Breivik? Oder von Kusk?«

»Den Kusk kriegt ihr nicht. Der weiß, wie's geht.«

»Ja, der Kusk! Von selbst wärst du auch gar nicht auf den Gedanken gekommen, diese Leute abzuschlachten – deine Mama hat gesagt, du bist ein ganz Lieber ...«

Eberl grummelte etwas Unverständliches.

»Was? Hast du etwas verstanden, Lukas?«

»›Fotzenalarm‹, hat er gesagt.«

Viel mehr war aus Eberl einstweilen nicht herauszubekommen. Langweilig!, dachte Irina, typischer Incel und Mitläufer. Sie brauchten ihn nur, um an Kusks Aufenthaltsort heranzukommen.

Dann hörte sie Lukas sagen: »Der salafistische Prediger und die Politikerin – das passt zu euch. Aber warum Reingarth?«

»Weil er andersrum war! Reingarth war der Leiter von Kusks Selbsthilfegruppe. Eine von Kusks Bewährungsauflagen nach der Waffengeschichte. Die Drecksau hat ihn ständig angegrapscht. *Aber wenn jemand bei einem Manne liegt wie bei einer Frau, so haben sie getan, was ein Gräuel ist, und sollen des Todes sterben.*«

»Okay, mach du weiter, Lukas, ich geh eben kotzen.«

Durchatmen. Auf beide Beine konzentrieren, die auf dem Boden stehen. Der Boden trägt dich. Gib dein Gewicht ganz an den Boden ab, Irina. Und atme. Atme. Atme.

Die Migräne, fast verschwunden, drohte wiederzukommen. Irina brauchte ein paar Minuten Ruhe, keine Menschen um sich herum. Sie setzte sich in ihr Auto, das sie in einer Querstraße geparkt hatte, und schickte eine Mail ans BKA, ob Informationen zu Kusk vorlagen (im Detail konnten diese doch erheblich von dem abweichen, was man mit dem polizeilichen »Fußvolk« teilte, schon weil Verfassungsschutz und Bundesnachrichtendienst die Datenbank ebenfalls befüllten). Sie schloss die Augen. Nur einen Moment lang. Nur einen Moment.

Als sie aufwachte, ging die Sonne bereits unter. Sie klatschte sich mit beiden Handflächen ins Gesicht, hastete zur Wache. Soeben war die Antwort des BKA mitsamt einem Passfoto hereingekommen: Kusk war offenbar ein ehemaliger Bundeswehrkamerad von Timo Eberl, drei Jahre älter. Soldat auf Zeit, dann Berufssoldat, aufgrund seiner schulischen Laufbahn mit geringen Karrierechancen hatte er allerdings mit Anfang dreißig um seine Entlassung gebeten und als Söldner bei einem privaten Militärunternehmen angeheuert, das im Mittleren Osten operierte. Denkbar, dass er sich dort radikalisiert und die fixe Idee bekommen hatte, auf einem Kreuzzug zu sein. Polizeilich in Erscheinung getreten war er zum ersten Mal 2015 nach seiner Entlassung aus dem Militärdienst, als er im Zuge der Merkelschen »Grenzöffnung« Schreckschussrevolver an »besorgte Bürger« ohne Waffenschein verkauft hatte. Er erhielt eine Bewährungsstrafe. Zuletzt war Kusk unterm Radar geflogen; er war arbeitssuchend gemeldet, hatte offiziell keine regelmäßigen Einkünfte – vielleicht hatte er sein Geschäft ins Darknet verlagert.

Auf der Wache befanden sich nur zwei Kollegen von Lukas: Er selbst hatte seit mehr als einer halben Stunde

Dienstschluss, und Eberl war in die U-Haft nach Ansbach gebracht worden. Irina ließ sich Lukas' Adresse geben, doch beim Programmieren ihrer Navi-App sah sie, dass er ihr eine Nachricht auf die Mailbox gesprochen hatte: Beim Durchsuchen von Eberls Handy habe er ein Foto gefunden, das Eberl und Kusk in T-Shirts mit der Aufschrift »Knights Templar 2083« vor einer Hütte zeige – das Bild schicke er ihr aufs Handy. Plötzlich habe es bei ihm »geschnackelt«: die Hütte liege direkt am Seeufer, dort mussten sie die Morde vorbereitet haben. Eberl habe sich eben nicht an einem Treffpunkt wieder abholen lassen – die Hütte war zu Fuß in kaum zehn Minuten zu erreichen. Und tatsächlich gehöre sie einem Onkel von Kusk …

Hektisch suchte Irina in der Navi-App nach Gebäuden an der von Lukas bezeichneten Seeseite. Dem Kerl war definitiv zuzutrauen, dass er allein unterwegs war, um Kusk festzusetzen … *wir sind zwar nur die Gunzenhäuser Polizei, aber* … und wenn dabei das Überraschungsmoment versagen würde … nicht auszudenken!

Irina fuhr die infrage kommenden Sträßchen und Wege ab. Sie musste im Halbdunkel mehrmals in Sackgassen wenden und darauf achten, nirgends hängen zu bleiben, weil sie ohne Licht fuhr. Dann sah sie sie: eine Hütte, zwei Autos davor. Abrupt hielt sie und stieß vorsichtig zurück, um wieder außer Sichtweite zu kommen. Sie ließ den Wagen ausrollen, stellte den Motor ab. Niemand zu sehen. Irina kroch aus dem Auto, lauschte ins Halbdunkel. Keine Stimmen, nur die Brise, die vom Altmühlsee herüberblies und den Geruch von Schnee mitbrachte – in der Nacht sollte das Wetter umschlagen. Sie schlich sich leise an einen der Wagen heran, einen alten Ford Pick-up, und studierte die Reifenspuren, die er hinterlassen hatte.

Sie sah wieder auf. »Hütte« war gut! Der Größe nach handelte es sich eher um ein ehemaliges Stallgebäude, das jemand ausgebaut hatte. Dann hörte sie, wie sich Schritte näherten. Sie glitt seitwärts eine Böschung hinab, nur so weit, dass sie die Person noch sehen konnte, deren Umrisse gegen den erleuchteten Hintergrund jetzt deutlicher wurden. Das Gesicht schien sich seit dem Passfoto kaum verändert zu haben: Karlheinz Kusk. Er war groß, wenn auch etwas kleiner als der hünenhafte Eberl, dafür schlank, durchtrainiert. Er trug Säcke auf dem Rücken, ließ sie auf die Ladefläche des Pick-up gleiten und vertäute sie. Irina sah, dass eine Pistole in seinem Gürtel steckte. Ein Geräusch, er drehte sich in ihre Richtung, sie duckte sich tiefer in die Böschung. Kusk kehrte wieder in die Hütte zurück.

Irina folgte ihm vorsichtig. Drinnen herrschte Festbeleuchtung, sie erkannte einen Arbeits- sowie einen Wohn-/Schlaf-/Essbereich mit Vorräten für einige Wochen. In einer Ecke der hinteren Wand sah sie Lukas am Boden, halb sitzend, halb liegend, die Hände offenbar mit einem Kabelbinder an einen Tisch gefesselt. Er bewegte sich nicht, war bewusstlos oder betäubt. Kusk hantierte in der anderen, von ihr am weitesten entfernten Ecke, riss Verpackungsfolie auf und schulterte einen weiteren Sack. Irina zog ihre Dienstpistole, als Kusk ohne jede vorhergehende Andeutung den Sack fallen ließ, kurz antrat und zu Lukas hinüberhechtete. Ehe sie sich's versah, hatte er hinter Lukas Deckung gesucht und ihm dessen Dienstpistole gegen den Schädel gepresst. Sie ließ sich ebenfalls zu Boden gleiten und rollte sich hinter einen in den Raum hineinragenden Kleiderspind.

»Gib auf, Kusk, das MEK wird gleich hier sein!«

Zur Antwort schlug eine Kugel knapp über Kopfhöhe in den Spind ein. Ein metallischer Nachklang. Sie befand sich zwischen Kusk und dem Ausgang. Auf seiner Seite des Gebäudes war nicht einmal ein Fenster. Wenn er fliehen wollte, musste er an ihr vorbei. Theoretisch hatte sie alle Vorteile auf ihrer Seite. Sie wünschte nur, sie hätte wirklich das Mobile Einsatzkommando informiert. Doch wie lange hätte das gebraucht, um in diese Gegend zu kommen …?!

Dann hörte sie einen dumpfen Schlag. Etwas wurde knirschend über den Boden gezogen. Sie lugte um den Spind, sah, dass Kusk einen Tisch umgestoßen und dahinter Schutz gesucht hatte. »Stalemate« nannten die Amis diese Situation. Sie musste Zeit gewinnen, Kusk in ein Gespräch verwickeln. Denk nach, Irischa, sagte sie sich, wenn du solche Typen einmal zum Plaudern gebracht hast, ergibt sich alles Weitere von selbst.

»Du bist also ein Kreuzritter, ja?«

Schweigen.

»Ein Kreuzritter gegen die Islamisierung Europas.«

Schweigen.

»Das ist so ein Männerding, oder? Mein kleiner Bruder hat auch immer mit Rittern gespielt. Manchmal hat er sie sich in die Nase gesteckt.«

Eine monoton knarzende Stimme: »Ihr Weiber checkt einfach gar nichts. Wir sind keine Kreuzritter, wir sind die neuen Templer.«

»Wir? Wer ist *wir*?«

Lachen.

»Wir. Die euch den Arsch retten, wenn die Kameltreiber euch zu zehnt vergewaltigen. Wenn sie die Kontrolle hier übernehmen. Wenn die Scharia da ist.«

»Und du kennst die Scharia aus deiner Zeit im Irak.«

»Hab da unten genug gesehen für ein Leben. Wir müssen uns einreihen, ins Heer Gottes oder in das des Teufels.«

»Und die drei Leute, die du umgebracht hast? Das waren doch keine Krieger.«

»Natürlich waren sie das, heute gibt's keine Zivilisten mehr. Sie waren Feinde, die zu töten meine Pflicht als Tempelritter ist. – *Wir schauen darauf, was unsere Vorväter taten, und stellen fest, dass wir Europa nur retten können, wenn wir die Prinzipien unserer Vorfahren annehmen. Unsere Grundsätze lauten: Stärke, Ehre, Aufopferung und Märtyrertum.*«

»Und warum steht davon nichts im Bekennerschreiben?«

»Schon mal vom Unabomber gehört? Den hat das FBI nur über sein Geschreibsel gekriegt.«

Um euch zu kriegen, hat's nicht mal das gebraucht, dachte Irina. Dann hörte sie einen Ruf: »Mineraldünger, die Säcke ...«

Lukas' Stimme brach abrupt ab – Kusk musste ihn mit einem Schlag oder Tritt zum Schweigen gebracht haben. Sie lugte um den Spind herum. Das also war das Zeug, das Kusk auf den Pick-up geladen hatte: Ammoniumnitrat. Ein Sprengstoffanschlag!

Irina sah sich um. Nichts in Griffnähe, das sie weiterbrachte. Sie öffnete die Türen zum Spind: Schweißgerät; zahllose leere Bierflaschen; Kanister mit der Aufschrift »Methanol Racing Fuel«; Werkzeugkasten; Schweizer Armeemesser; Radkreuz; hydraulischer Wagenheber; Overall, dreckverkrustet; Holzfällerhemd, blau, ölverschmiert; noch eines; ein drittes; Dose mit der Aufschrift »Nitromethane 99,5%«. Es brauchte einen Moment, bis sie die Dinge in Ursache und Wirkung miteinander verknüpft hatte. Während sie regelmäßig zu Kusk sah und versuchte, ihn weiter im Gespräch zu halten, trennte sie mit dem Armeemesser einen

Ärmel von einem der Hemden. Sie mischte Methanol mit dem Nitromethan, einem Kraftstoffadditiv (Kusk schien ein begeisterter Autoschrauber zu sein), in einer Bierflasche und tränkte den Ärmel damit. Als Kusk plötzlich aufhörte zu sprechen, schob sie den Ärmel in die Flasche. War das Zeug auf diese Weise überhaupt brennbar? Und würde Kusk das auch wissen ...? Egal, sie musste es riskieren ...

Sie zündete den Ärmel mit ihrem Feuerzeug an (das sie immer noch bei sich trug, obwohl sie vor Jahren aufgehört hatte zu rauchen), gab mit links einen Schuss in die Ecke mit dem Ammoniumnitrat ab und warf dann die Flasche hinterher. Eine Stichflamme, als das Glas an der Wand hinter den Mineraldüngersäcken zerschellte. Intensiver Funkenflug. Eine Bewegung im Augenwinkel – Kusk war aufgesprungen, doch kaum hatte er sich zu seiner vollen Größe aufgerichtet, strauchelte er und verlor das Gleichgewicht. Lukas musste ihm einen Tritt verpasst haben. Kusk fiel auf den Tisch, hinter dem er Schutz gesucht hatte. Der Tisch kippte, und Irina sah, wie Kusk hinterhertaumelte und zu Boden ging. Lukas war jetzt außer Trittweite – und Kusk hatte seine Waffe nicht verloren. Er rappelte sich kurz auf, dann zielte er mit der Pistole auf Lukas. Irina, nur noch Instinkt, schrie, dann fielen schnell hintereinander zwei Schüsse. Als sie realisierte, was geschehen war, rannte sie zu Lukas hinüber. Inzwischen stieg dichter schwarzer Qualm von den Mineraldüngersäcken auf, die Verpackungsfolien verschmorten.

Der erste Schuss hatte Kusk in den linken Arm, der zweite in den Kopf getroffen. Er hatte keinen Puls mehr. Irina befreite Lukas, der offensichtlich unter Schock stand oder eine Panikattacke hatte und sich nur auf allen Vieren bewegen konnte.

»Raus, bevor hier doch noch was explodiert!«, rief sie ihm zu, zerrte ihn in die Vertikale und brachte ihn aus der Hütte. Anschließend kehrte sie zurück, um Kusks Leiche zu holen.

Nachdem sie die Kollegen und die Feuerwehr informiert hatten, gab es immer wieder Verpuffungen, die sie zwangen, weiter von der brennenden Hütte abzurücken. Irina konzentrierte sich auf ihren Atem, war erleichtert, in der letzten Stunde einfach nur funktioniert zu haben.

Ganz langsam fand auch Lukas wieder zu seiner Sprache zurück. »Irina ...?«

»*Vsjo normalno.*«

»Wir müssen uns absprechen ... die interne Ermittlung ...«

Sie nickte.

»Kusk hat etwas von einem Netzwerk gefaselt. Denkst du, dass Eberl was davon weiß?«

»Glaubst du, dass Kusk ihm etwas erzählt hat? Ich nicht, Lukas ... nein, ich fürchte, diese Templerkacke schmort einfach weiter ...«

Sie sahen zur Hütte hinüber. Das Feuer leuchtete jetzt über die Wiesen bis hin zum See. Hell. Grell. Funken blitzten bald hier, bald dort auf. Das Glitzern schmerzte in ihren Augen.

Horst Eckert
Drei Taschen für Mama

Großer Brombachsee

Offenbacher Kreuz, noch gut zweihundertfünfzig Kilometer bis zu seinem Heimatkaff am Großen Brombachsee.

Tobias Dollinger tastete mit der rechten Hand nach der halb vollen Sporttasche auf dem Beifahrersitz. Sein Herz klopfte. Er stellte sich den Krach vor, mit dem der Schwindel auffliegen würde, wenn er die Hundertachtzigtausend nicht bis in drei Monaten wieder auf die Konten fließen lassen könnte, von denen er sie abgezweigt hatte.

Er bog auf die A3, dichter Reiseverkehr. Viele Leute unterwegs in den Winterurlaub. Ich bin kein Verbrecher, sagte sich Tobias. Ein Zocker vielleicht. Was war das Risiko im schlimmsten Fall? Die Bank würde ihn wohl kaum anzeigen, würde keinen Skandal riskieren wollen. Aber man würde ihn feuern und dafür sorgen, dass er in dem Beruf, den er erlernt hatte, nie wieder einen Fuß auf den Boden bekäme.

Doch seine Chancen standen besser als die seiner Mutter, falls er ihr nicht auf diese kriminelle Art helfen würde.

Die Autos wirbelten Dreckwasser hoch, und weil die Düsen der Sprühanlage zugefroren waren, verschmierten die Scheibenwischer nur. Endlich eine Raststätte. Tobias stellte seinen Astra an der Tankstelle ab und betrat den Shop.

Frostschutzmittel war ausverkauft.

Vor den Toiletten standen die Leute im eisigen Wind Schlange. Ein Angestellter gab heißes Wasser aus. Als Tobias an der Reihe war, fiel ihm ein, dass er den Astra nicht abgeschlossen hatte.

Einhundertachtzigtausend Euro ohne Aufsicht.

Er nahm den Eimer entgegen und begann zu rennen.

»Ich mach's«, sagte Michael Dollinger.

»Da schau her, der Mike«, sagte sein Berater Hanke am anderen Ende der Leitung. »Woher der plötzliche Sinneswandel?«

Michael sah aus dem Fenster. Alles war weiß, ein wunderschöner Dezembertag. Von der Anhöhe ging der Blick über Ramsberg und den See. Hinter den Feldern erstreckte sich der Wald, in dem er als Kind gespielt hatte, wenn kein Training war. Am Rand des Dorfs hatte er seinen eigenen Bungalow gebaut. Im Unterschied zu seinem älteren Bruder zogen ihn hier keine zehn Pferde weg.

»Ganz einfach«, antwortete er. »Ich brauche das Geld.«

»Das hättest du dir eher überlegen müssen.«

»Wieso?«

»Der Deal ist bereits gelaufen!«

Michael überlegte, wen Hanke an seiner Stelle bestochen hatte. Vielleicht wollte der Berater aber auch nur den Preis drücken.

Draußen stapfte Michaels Mutter den Gehsteig entlang. Den Mantelkragen hochgeschlagen, den dunklen Schal mehrfach um den Hals geschlungen, die Fäuste in den Taschen vergraben. Ihr Anblick zerriss ihm das Herz.

Sie hat nur noch mich, überlegte er. Vater war gegen einen Baum gerast, Tobias lebte als Banker weit weg und in anderen Sphären.

»Bist du noch dran?«, fragte Hanke.

»Um das Spiel verlässlich zu schieben, brauchst du auf jeden ...«

»Spinnst du, Mike? Doch nicht am Telefon!«

»Einer genügt jedenfalls nicht. Willst du es richtig machen oder nicht?«

»Erst machst du auf empörte Jungfrau, dann drängst du dich auf, als hinge sonst was davon ab. Wie kommt's?«

Die Mutter verschwand aus dem Blickfeld. Seltsam, dachte Michael. Warum nimmt sie nicht ihren Mercedes?

Hanke fragte: »Wo steckst du gerade?«

»Zu Hause.«

»Okay, ich ruf dich zurück.«

Barbara Dollinger erreichte den Waldfriedhof. Der kalte Wind ließ ihre Wangen brennen. Am Grab ihrer einstigen Klassenkameradin blieb sie stehen. Ingrid, Flüchtlingskind und evangelisch. Sie waren gemeinsam nach Gunzenhausen aufs Gymnasium gegangen, beste Freundinnen, bis sie sich gegenseitig ihre Freunde ausgespannt hatten. Ein großes Drama, fünfunddreißig Jahre her.

Zwei Reihen weiter ging gerade eine Beisetzung zu Ende. Jutta, Ingrids Schwester, ebenfalls Darmkrebs und mit fünfzig viel zu jung, es schien in den Genen der Familie zu liegen. Barbara stellte sich die Mühen des Totengräbers vor. War sicher nicht leicht, in der gefrorenen Erde eine Grube auszuheben.

Aus sicherer Distanz beobachtete sie Alfred, Juttas Schwager und Ingrids Witwer. Er wirkte relativ gefasst. Immer noch ein attraktiver Mann, fand Barbara. All die Jahre hatte sie in dem Bewusstsein gelebt, dass Ingrid einst das bessere Los gezogen hatte.

Alfred verließ die Grabstelle als Letzter. Barbara passte ihn ab. Er blickte sie mit großen Augen an und sagte nichts.

Gerade mal hundert Meter entfernt ratterte der Zug aus Pleinfeld vorbei und bremste, um auf seinem Weg nach

Gunzenhausen auch am Bahnhof Ramsberg zu halten. Ab dem Frühjahr würde die Seenlandbahn wieder Touristen bringen. Zu spät für Barbaras Pension.

Sie versuchte ein Lächeln. »Ich muss in letzter Zeit wieder oft daran denken, dass alles auch ganz anders hätte laufen können.«

»Ich hab dich gefragt, bevor ich Ingrid gefragt habe. Aber du hast dich für Herbert entschieden.«

»Jeder macht mal Fehler.«

»Und jetzt?«

»Ich brauche deine Hilfe.«

Alfred zögerte. »So viel Geld habe ich leider nicht, aber ...«

»Psst.« Sie legte die Hand auf seinen Arm. »Hör mir doch erst einmal zu.«

Tobias lief mit dem vollen Eimer zurück und verschüttete dabei die Hälfte. Er riss die Tür auf. Da war sie, die blaue adidas-Tasche.

Er ließ seine Hand hineingleiten. Erleichtert fühlte er die Geldbündel. Dann goss er den Rest des heißen Wassers über die Düsen der Scheibenwaschanlage.

Keuchend nahm er hinter dem Lenkrad Platz. Er sollte abnehmen, mindestens fünfzehn Kilo. Das nahm er sich seit Jahren vor, vor allem, wenn er an Festtagen seinen Bruder traf, den Leistungssportler.

Unsere Mutter wird Augen machen, dachte er. Die Sorgen um den *Landgasthof Seeblick* hatten ein Ende. Von wegen kleine Klitsche, die im umkämpften Reisemarkt Fränkisches Seenland gegen Investoren aus ganz Deutschland nicht mithalten kann. Tobias hoffte, die Summe rechtzeitig zurückzuerhalten. Nach Ablauf des nächsten Quartals musste sie inklusive Zinsen, Gebühren und Dividenden wieder auf dem Konto seiner Bank liegen, damit die Entnahme nicht auffiel.

Mit gesäuberter Scheibe setzte er die Fahrt fort. Nachdem er eine Lastwagenkolonne überholt hatte, bemerkte er, dass die Aktion nicht viel genutzt hatte. Das Fenster verdreckte schon wieder. Mit schlappen sechzig Stundenkilometern hielt er sich auf der rechten Spur und schaltete das Licht ein, damit man ihn wenigstens sah.

Ein Unfall wäre das Letzte, was er jetzt gebrauchen konnte.

Barbara begleitete Alfred zu seinem Auto. Sie überlegte, wie sie es ihm beibringen sollte. Nur der Tod konnte ihr helfen. Und sie wusste, dass sie es nicht allein schaffen würde.

»Ich weiß, dass du Geld brauchst«, sagte Alfred. »Dreitausend, vielleicht vier, sind alles, was ich dir borgen kann.«

Barbara schüttelte den Kopf. Ihre großen Pläne waren an den Klippen der realen Welt zerschellt. Die Renovierung ihrer Pension und der Erweiterungsbau inklusive Sauna und Fitnessraum – eine bombensichere Investition, hatte sie gedacht. Doch als ihr plötzlich die Bank den Kredit nicht verlängerte, stellten die Handwerker die Arbeit ein. In den nächsten Monaten würde sich nichts mehr tun. Und welcher Gast würde schon auf einer Baustelle übernachten wollen?

»Danke, Alfred, lieb von dir. Aber erstens geht es um ganz andere Summen. Und zweitens will die Bank, dass ich verkaufe. Der Filialleiter kungelt mit der Konkurrenz. Immobilienentwickler aus München. Die denken, mit mir könnten sie es machen.«

Zwar hatte sie bei der Steuer betrogen und etwas Schwarzgeld beiseitegeschafft, doch auch das genügte nicht, um die

Bauarbeiten fortzusetzen. Zumal das Finanzamt eine Prüfung angekündigt hatte.

»Können dir deine Jungs nicht helfen?«, fragte Alfred.

»Der Älteste arbeitet doch bei einer Bank!«

»Als kleines Würstchen im Investmentbanking. Für Kreditvergabe ist er nicht zuständig.«

»Und wenn du nachgibst und die Pension verkaufst?«

»Geht nicht. Selbst wenn ich wollte. Herbert hat das testamentarisch verhindert. Zugunsten der Bekassine.«

»Wie bitte?«

»Ja, eine bedrohte Vogelart war ihm wichtiger als ich.«

Alfred nickte. Herbert Dollinger hatte als Sonderling gegolten. Ein Ökofreak und Naturschützer. Und leider auch ein Trinker. Im vorletzten Sommer war er tödlich verunglückt.

»Immerhin gibt es sie«, sagte Alfred.

»Die Bekassine?«

»Nein, deine Jungs.«

»Der eine dick, der andere doof.«

»Komm, hör auf! Zeit meines Lebens habe ich mir Kinder wie deine gewünscht.« Alfred entriegelte die Tür seines Wagens. Er wandte sich noch einmal Barbara zu. »Also, wie kann ich dir helfen?«

»Glaubst du an ein Leben nach dem Tod?«, fragte sie zurück.

Michael stellte seinen Geländewagen ab und lief durch Pleinfelds Ortszentrum. Weihnachtsbeleuchtung in den Schaufenstern, aber er brauchte nichts mehr einzukaufen. Er würde seiner Mutter zum Fest der Liebe Geld schenken. Richtig viel Geld.

Hankes Porsche war nicht zu übersehen: Protzig parkte er unmittelbar vor dem *Kastanienhof*.

Der Spielerberater saß im hintersten Eck und ließ sich gerade Wildschweinbraten und ein Hefeweizen servieren. Er hatte seine Utensilien vor sich aufgereiht: zwei iPhones und die Armbanduhr, die signalisieren sollte, wie knapp und wertvoll die Zeit eines ehemaligen Bundesligaprofis war, der heute Vereine und Fußballer in ganz Europa zu seinen Klienten zählte. In nur neunzig Minuten hatte es Hanke aus München nach Pleinfeld geschafft.

»Hallo, Mike«, grüßte die Kellnerin fröhlich.

Michael bestellte schwarzen Tee mit Zitrone und setzte sich an den Tisch. »Hast du's dabei?«, fragte er.

Hanke hievte eine grüne Puma-Tasche auf den Stuhl neben sich. »Sag mal, warum wohnst du eigentlich immer noch am Arsch der Welt?«

»Weil es der schönste ist, den ich kenne.«

»Mamas Rocksaum, was?«

Michael hätte Hanke stundenlang die Vorzüge seiner Heimat erklären können. Die Schönheit der Natur. Die Ruhe am See. Doch er wusste, dass es zwecklos war, den Mann überzeugen zu wollen.

»Du musst raus in die Welt, Mike. Ich könnte dich in die erste Liga vermitteln. Wolfsburg ist ne echte Option. Wie lang willst du warten? Du bist jetzt im besten Alter!«

Die Bedienung brachte den Tee und warf Hankes Rolex einen missbilligenden Blick zu.

»Danke, Evi«, sagte Michael.

Sie strahlte.

Als sie gegangen war, fragte Hanke: »Oder ist es wegen *ihr*?«

Michael starrte die grüne Tasche an. Mit der Summe, die sie enthielt, würde seine Mutter den Umbau vollenden können, schätzte er und fühlte Stolz, weil er ihr helfen würde.

Es war höchste Zeit. Neulich hatte seine Mutter schon über den Tod und das Leben danach gesprochen.

Er griff nach der Tasche.

»Lass uns erst über deine Zukunft reden«, sagte Hanke.

»Ich bin Clubberer, seit ich denken kann. Nie und nimmer wechsle ich nach Wolfsburg.«

Tobias fuhr mit geöffnetem Seitenfenster, goss Mineralwasser aus einer Flasche auf die Windschutzscheibe und betätigte zugleich den Wischer. So erzeugte er eine klare Stelle. Seine Ohren schmerzten von der eisigen Zugluft, aber es funktionierte.

Wieder beschlichen ihn Zweifel, ob seine Mutter das Geld rasch genug zurückzahlen würde. Aber sobald die Arbeiten an der Pension weiterliefen und Buchungen für die Osterferien abgeschlossen werden konnten, würde sie überall kreditwürdig sein und wäre nicht mehr auf ihre dämliche Hausbank angewiesen.

Letztlich war alles die Schuld seines Vaters, der in seinem Testament verfügt hatte, dass seine Witwe das alte Anwesen nicht verkaufen dürfe. Andernfalls würde der Bund für Vogelschutz das Geld für sein Projekt am Brombachsee erhalten.

Endlich wurde die Fahrbahn trockener. Tobias konnte das Fenster schließen und Gas geben. Ein Schild huschte vorbei: *Willkommen im Freistaat Bayern.*

»Also, wie soll ich es anstellen?«, fragte Michael.

Hanke blickte sich um. Dann rückte er näher und flüsterte: »Du köpfst den Eckstoß der Regensburger nicht raus, sondern ins eigene Tor. Oder du verursachst einen Elfer. Aber wenn dich Skrupel plagen, lassen wir es lieber.«

»Nein, ich mach's.« Der Club würde seinetwegen nicht absteigen, sagte sich Michael. Und ein Aufstieg in die erste Liga war ohnehin illusorisch.

Hanke rückte die Rolex und die Handys zurecht, ein Zeichen von Nervosität. »Aber es ist wichtig, dass Regensburg erst in der zweiten Hälfte die Tore macht, verstanden?«

»Wieso?«

»In Malaysia und Singapur gibt's reiche Chinesen, die wetten auf die absurdesten Dinge.«

»Findest du ein Zweitligaspiel absurd?«

»Wenn man auch in der ersten Liga spielen könnte, ist es das. Aber du lebst ja freiwillig hier.« Hanke machte eine Handbewegung, die das gesamte Seenland einzuschließen schien.

»Du musst mal im Sommer kommen«, meinte Michael.

Hanke runzelte die Stirn, dann legte er die Uhr um sein Handgelenk, steckte die iPhones ein und tätschelte Michaels Arm. »Du bist ein guter Kerl, Mike. Und denk daran: Jahn Regensburg schlägt den Club mit zwei Toren Abstand.«

»Ich hab's kapiert.«

Michael griff sich die Tasche. Mit dem Inhalt würde er den *Landgasthof Seeblick* retten und seine Mutter von ihren Depressionen befreien. Er, der unterbezahlte Zweitligaspieler mit Realschulabschluss. Nicht sein Bruder, der studierte Banker im fernen Frankfurt.

Jetzt musste er nur noch seine Mutter dazu überreden, das Geld auch anzunehmen.

Draußen dämmerte es. Das letzte Stündlein in dieser Welt, dachte Barbara. Sie saß im *Strandcafé*, die einzige Frau in der Runde, ein Herz-Solo in der Hand, das sie gewinnen würde. Zwanzig Cent pro Nase war das Spiel wert.

Vor dem Fenster lag die Badebucht. Während der Saison war auf der Terrasse der Teufel los. Der Trimaran mit Hunderten von Ausflüglern zog dann seine Runden. Wer sich etwas Exklusiveres gönnen wollte, mietete sich im *Floating Village* ein. Doch jetzt gehörte das Dorf allein den Einheimischen.

Barbara brachte den letzten Stich nach Hause und strich den Gewinn ein. Drei Münzen, die kaum etwas wert waren in dieser Zeit. Jeder gegen jeden, einer schluckte den anderen, und manchmal gab es gar nichts mehr zu tun. Und das Testament ihres verstorbenen Mannes ließ ihr auch keine Wahl.

Nach ihrem Tod würde alles anders sein. Ihre Söhne konnten sich in dem Fall vom *Landgasthof* samt Grundstück trennen und frei über den Erlös verfügen. Dann würde sie vererben und Herberts Verfügung die Geltung verlieren. Der Anwalt in Gunzenhausen hatte es ihr erklärt.

Sie zahlte ihre Zeche und erhob sich vom Tisch. Der Bäcker, der bislang nur hatte zusehen dürfen, sprang für sie ein und mischte die Karten neu.

»Die Gallhuber Jutta ist heut beerdigt worden«, sagte der Wirt. »Darmkrebs mit fünfzig, wie ihre Schwester.«

»Ich weiß«, antwortete Barbara.

»Wo nur der Alfred heute bleibt?«

Sie zog ihren Mantel über, schlang den Schal um den Hals und machte sich auf den Weg.

Tobias passierte Thannhausen und Veitserlbach, die Nachbardörfer seines Heimatkaffs – Namen, die in ihm ein Gefühl der Vertrautheit weckten. Zu beiden Seiten der Staatsstraße leuchtete Schnee im Scheinwerferlicht. Womöglich stand eine weiße Weihnacht bevor.

Er setzte den Blinker und bog nach Ramsberg ab.

Gleich hinter der Brücke über den Buxbach staute sich der Verkehr. Die Schranken des Bahnübergangs waren geschlossen. Ganz vorn blinkten Blaulichter.

Polizei und Ambulanz.

Leute waren ausgestiegen, rauchten und unterhielten sich.

Tobias ließ das Fenster herunter. »Was ist denn da los?«, fragte er.

»Zerbröselt hat's jemanden«, antwortete eine Frau.

In diesem Moment hoben sich die Schranken, und die Leute kehrten in ihre Autos zurück. Die Schlange löste sich auf. Tobias spähte zum Rettungswagen hinüber, konnte aber nicht sehen, was dort los war.

Dann erkannte er den Geländewagen seines Bruders, der in der Kurve vor dem Bahnhofsgebäude abgestellt war. Tobias trat so hart auf die Bremse, dass die Sporttasche vom Beifahrersitz in den Fußraum rutschte.

Rasch stieg er aus und schloss im Weitergehen seine Jacke.

Der Zug war noch im Wald, rund zweihundert Meter vor dem Bahnhof, zum Stehen gekommen. Tobias lief atemlos darauf zu. Schotter knirschte unter seinen Sohlen.

Michael stapfte ihm entgegen, blass und sichtlich aufgewühlt.

»Geh nicht weiter!«

»Wieso?«

»Die Mama. Der Zug hat sie voll erwischt.«

»Das kann nicht sein ...«

»Doch. Ich hab ihren Mantel erkannt und den Wollschal, den sie sich umgebunden hat, als sie zur Beerdigung ging. Den Rest hat der Zug völlig zerfetzt.«

Die Schneeflocken wirbelten dichter. Tobias riss sich los und rannte zur Spitze des Dieseltriebwagens, um sich selbst zu überzeugen.

Das Telefon schellte. Michael ging ran. Ein Nachbar, der Beileid wünschte. Erstaunlich, wie rasch sich Unglücksnachrichten verbreiteten.
Michael bedankte sich und legte auf.
»Das war Mord«, sagte Tobias niedergeschlagen. »Die Bank hat Mama umgebracht, indem sie den *Landgasthof* ruiniert hat.«
»Scheiß drauf. Von mir aus hätten die Bekassinen alles erben können.«
»Wir sollten den Schuppen so schnell wie möglich verkaufen.«
»Bloß nicht! In diesem halb fertigen Zustand kriegen wir kaum was dafür. Wenn der Laden nach der Renovierung läuft, ist er ein Mehrfaches wert.«
»Dann kann ich mich gleich vor den nächsten Zug schmeißen.«
»Was ist los, Tobi?«
»Es reicht nicht, dass ich das Geld wieder einzahle, sondern ich muss auch Zinsen und Gebühren aufbringen, damit die Sache nicht auffliegt.«
Michael stellte seine Puma-Tasche neben die von adidas. Er griff hinein und warf Geldbündel auf den Tisch. »Nimm dir, was du brauchst. Ich kann meinen Deal sowieso nicht rückgängig machen. Die Chinesenmafia kennt keinen Spaß, sagt mein Berater.«
Für einen Moment blickten beide stumm auf das Geld.
»Weißt du was, Mike?«
»Was denn?«

»Mir kommt da eine Idee.«

»Schieß los.«

»Wie wär's, wenn wir alles auf einen Sieg der Regensburger wetten?«

»Spinnst du? Ihr Banker seid doch wirklich allesamt Zocker!«

Das Telefon klingelte erneut. Keiner ging ran.

Michael vergrub den Kopf in seinen Armen. Hätte seine Mutter nicht ein bisschen warten können? Ein paar Stunden nur, und er und sein Bruder hätten sie mit Geld überhäuft.

Dann blickte er hoch und räusperte sich. »Warst du schon mal in Wolfsburg?«

Tobias stierte aus dem Fenster und sagte nichts.

»Soll ich Ihnen die Tasche abnehmen?«, fragte die Stewardess.

»Nein, danke. Ich habe sie lieber in Griffnähe.«

Barbara Dollinger nahm die rote Nike-Tasche von ihrem Schoß und stellte sie zu ihren Füßen ab. Ihre gesamte flüssige Habe befand sich darin. Bargeld, das sie in den letzten Jahren vor den Klauen des Finanzamts gerettet hatte. Für die Modernisierung ihres Gasthofs hatte es nicht gereicht, aber selbst wenn: Der Konkurrenzkampf im Hotelgewerbe war hart. Vielleicht war es gut, dieses Leben hinter sich zu lassen.

Sie war nun eine Verbrecherin auf der Flucht.

Mit breitem Lächeln schloss sie den Sitzgurt.

Dann schnupperte sie noch einmal an ihren Fingern. Minutenlang hatte sie sich die Hände auf der Toilette des Nürnberger Flughafens gewaschen, mit Flüssigseife und heißem Wasser. Nein, sie rochen nicht nach Verwesung.

Der Flieger startete und legte sich in eine weite Kurve. Barbara lugte aus dem Fenster. Nur spärlich flimmerten Lichter. Nicht viel zu erkennen.

Servus, Heimat.

Sie spürte ein Ziehen in den Schultern. Natürlich hatte sie mit angepackt. Allein wäre Alfred überfordert gewesen.

Sie musste niesen. Vielleicht hatte sie sich einen Schnupfen eingefangen, denn beim Ausgraben von Juttas Leiche war sie ins Schwitzen geraten. In völliger Dunkelheit die Kleidung der Frau auszutauschen war ebenfalls nicht einfach gewesen. Und dann die Kälte, als sie auf die Seelandbahn warteten, um sicherzugehen, dass ihr Plan aufging.

Der Triebwagen hatte die Leiche voll erwischt.

Barbara und Alfred waren sich vor Erleichterung in die Arme gefallen. Danach hatte er sie nach Nürnberg zum Airport gefahren.

Sie staunte über Alfreds Bereitschaft, die Leiche seiner Schwägerin zu opfern. Und spürte, wie die letzten Stunden sie diesem Mann nähergebracht hatten. Vielleicht ließe sich mehr daraus machen.

Für das Finanzamt war sie jetzt tot.

Für das dämliche Testament ihres vogelvernarrten Gatten auch.

Und die Jungs würden lernen, ohne die Mutter zurechtzukommen, die alles regelte.

Weihnachten auf Lanzarote. Und danach sehe ich weiter, dachte sie.

Vielleicht würde sie ja Michael und Tobias eine Karte schreiben.

Auf jeden Fall würde sie Alfred anrufen.

Pauline Füg

Immer schön entspannt bleiben

Dennenloher See

»Nein, ich kann heute nicht zum Autogenen Training kommen.« Jule Zahner brüllt in den Hörer. »Nein, mir ist was dazwischengekommen.« Pause. »Ja, ich weiß, dass Sie es mir als mein Achtsamkeitscoach dringend raten.« Pause. »Mir ist aber beruflich was dazwischengekommen. Ich muss heute länger im Präsidium bleiben.«

Jule Zahner drückt vehementer auf das Display, als sie müsste, dann pfeffert sie ihr Smartphone neben die Aktenstapel auf dem Tisch. Eigentlich müsste man sagen: »Stapel von Aktenstapeln«. »Und das soll entspanntere Arbeit sein als auf dem Präsidium in München? Dafür habe ich mich also hierherversetzen lassen, um endlich meine Ruhe von der stressigen Großstadt zu haben und das Landleben zu genießen?!« Jule hält inne, dann besinnt sie sich. Gunzenhausen, denkt sie, ist ja genauso, wie der Name klingt: gemütlich. Und auf jeden Fall mit ein bisschen weniger Mord und ein bisschen mehr Landschaft. Besser Aktenstapel als Morde.

Und sie sollte recht behalten. Kein Mord bisher in den zwölf Monaten, seit sie dort wohnte und im Präsidium ein und aus ging. Dafür aber ne Menge Aktenberge. Protokolle, die durchgegangen werden mussten, Nachbarschaftsstreitigkeiten und – »Jule, du hast doch nichts zu tun auf der Mord, kannst du das noch übernehmen?! Hier am Land hammers net so mit den Abteilungen« – ein Fahrschüler, der Fahrerflucht begangen hatte, nachdem er das Fahrschulauto in den Altmühlsee gefahren hatte. Besser gesagt »Fußgängerflucht«, denn das war es, was er getan hatte: Weglaufen.

Jule Zahner schüttelt ihre braunen, schulterlangen Locken und stöhnt genervt auf. »Von der Überforderung in die unterfordernde Überforderung. Na, das kann ja heiter werden.« Sie hält kurz inne. »Oder halt eben nicht so heiter.«

Dann stützt sie ihren Ellenbogen auf dem Tisch ab, legt ihren Kopf auf die Hand. Kopf hoch, denkt sie, immerhin kein Mord. Gerade als sie sich den ersten Aktenstapel vornehmen will, schrillt ihr Handy. Verflixt, warum hat sie es denn immer noch nicht geschafft, einen angenehmeren Klingelton einzustellen?! Ihr Ellbogen rutscht vor Schreck zur Seite, und zusammen mit zwei Aktenstapeln landet auch ihr Handy auf dem Boden. Es schrillt immer noch laut und unangenehm. Die Kommissarin schiebt den Schreibtischstuhl ruckartig zurück und sinkt zu Boden, wo sie sich durch die Ordner wühlt.

»Ah, da bist du ja!«, und gerade als sie abnehmen will, hört das Klingeln auf. »Scheiße!«, ruft sie ungefähr in der Tonlage ihres Klingeltones.

»Frau Zahner, ähm, was machen Sie denn da?« Pichler steht am Türrahmen, schüttelt den Kopf. Dass ihr Assistent genau jetzt kommen muss. Eigentlich hat er heute frei, aber Johannes Pichler macht keinen Unterschied zwischen Frei- und Arbeitszeit. Sein größter Traum ist es, endlich nach München versetzt zu werden, um alle unaufgeklärten Mordfälle zu lösen. Dafür legt er sich so ins Zeug, dass er sogar an seinen freien Tagen regelmäßig im Gunzenhäuser Präsidium vorbeischaut. »Frau Zahner, ich hab Sie angerufen, warum gehen Sie denn nicht ans Telefon?«

»Ach, Sie waren das. Na, Sie sind ja jetzt da. Da hätten Sie mich ja gar nicht anrufen müssen.« Jule zuckt mit den Schultern.

»Ich dachte halt, damit wir sofort loskönnen.«

»Wohin los? Sie sehen doch, ich versinke hier in Arbeit.« Sie sitzt immer noch auf dem Boden, ihre Beine mit Akten bedeckt.

»Ja, aber endlich ist was passiert, Frau Zahner.«

»Ich finde, hier passiert schon ne ganze Menge. Oder was denken Sie, steht in den Akten hier?« Sie fuchtelt mit den Händen über die vier Quadratmeter, auf denen lose Blätter, aufgeschlagene Hefter und Ordner liegen.

»Aber endlich ist ein Mord passiert!« Pichlers Augen leuchten auf. »Endlich! Ein Mord!«

»Das habe ich verstanden.« Jule Zahner erhebt sich. »Und warum wissen Sie davon eher als ich? Obwohl heute Ihr freier Tag ist?«

»Ja, genau deswegen!« Pichlers Stimme überschlägt sich. »Deswegen!« Er deutet mit seinem Zeigefinger auf sich. »Es weiß ja noch niemand! Es ist noch nicht offiziell! Meine Freundin Annika macht ein Mindfulness-Weekend am Dennenloher See. Und ich hab mit ihr telefoniert, und da musste sie schnell auflegen. Ich hab im Hintergrund noch die anderen reden gehört: Da ist einer verschwunden. Und sie glauben jetzt, dass der tot ist.«

»Und da ruft sie nicht die Polizei?«

»Muss sie ja nicht. Ich bin ja die Polizei.«

»Ja, klar. Richtig.« Jules Blick wandert von den Aktenstapeln zu Pichler zur Tür. Alles ist besser, als hierzubleiben und aufzuräumen, denkt sie. »Also los.«

»Schauen wir mal, was da los ist. Ähm ... Darf ich fahren?«

»Von mir aus.« Jule ist froh, auf der Autofahrt ein bisschen zur Ruhe zu kommen. Sie schmunzelt in sich hinein: Pichler denkt wirklich allen Ernstes, dass auch das seine Versetzung nach München beschleunigen würde. Aber sie hatte ganz und gar nichts dagegen, einfach aus dem Auto auf die Landschaft zu schauen, die Kiefernwälder, die weiten Felder. Ja, das Land, das hatte schon was.

»Die Gruppe schläft am Campingplatz am Dennenloher See.« Pichler lenkt das Auto auf den Schotterparkplatz vor den Toren des Dennenloher Schlossparks. »Aber wir parken hier. Die sind heute nämlich im Schlosspark nebenan, direkt am Mühlweiher gewesen für eine Meditationsübung. Da gibt es so Glückskraftquellen und alles.« Pichler schweigt, bevor er die Fahrertür öffnet. Sein Kopf ist rot, und er atmet schwer. »Ich hab noch nie nen Mord gesehen.«

Sie steigen aus.

»Schön hier!« Jule nickt Pichler zu. »Und hier soll einer verschwunden sein?« Die Vögel zwitschern, die Sonne scheint, ein warmer Tag im Juni. Am Kassenhäuschen zeigen sie die Polizeiausweise vor. Der Kassierer winkt sie irritiert durch.

»Pichler? Ihr Ernst?! Hier soll ein Mord geschehen sein, und Sie haben nicht veranlasst, dass der Park geschlossen wird?«

Jule dreht sich zum Kassierer um: »Der Park wird hiermit geschlossen.«

Pichler wird rot. »Ja, aber ich wusste doch nicht, ob es sich wirklich um einen Mord handelt.«

»Merken Sie sich eins: Hier müssen wir konservativ entscheiden und erst mal alles abklären, Spuren sichern. Selbst, wenn nur jemand verschwunden ist.«

Jule fällt wieder ein, warum sie sich nie wohlgefühlt hat in München. Bei so nem Mordfall, da darf man keine Fehler machen. Da muss man alles sofort im Gespür haben, dieser Druck, der auf ihr gelastet hat. Schon seit der Polizeischule.

Sie hatte als Wunderkind mit einer Kombinationsgabe gegolten, wie man sie selten gesehen hat. »Shirley Holmes« hatte man sie genannt. Schon immer konnte sie in einer herausfordernden Situation das tun, was nötig ist, um den Fall zu lösen, den Mord aufzuklären, mit kühlem Kopf die Lage zu klären. Das einzige Problem: Sobald Shirley Holmes ein Abenteuer witterte, vergaß sie ihre eigenen Bedürfnisse. Regelmäßige Mahlzeiten? Ihr mittlerweile Ex-Freund Tim? Die Katze füttern? Fehlanzeige. Und so hatte sie letztes Jahr entschieden: Ich mach da nicht mehr mit. Ich möchte mehr entspannen. Mehr Achtsamkeit. Mehr ankommen bei mir selbst.

»Was machst denn du hier?!« Eine Frau mit strahlend blauen Augen kommt ihnen entgegen, legt dann die Handinnenflächen zusammen und führt diese leicht zitternd zur Stirn. »Namaste! Ich bin die Annika. Das Licht in mir grüßt das Licht in euch! Ups, jetzt hab ich doch aus Versehen die Kommissarin geduzt. Hallo, Hansi.« Sie gibt Pichler einen Kuss auf die Stirn. »Dann sind Sie die Kollegin vom Hannes? Hab ich sofort an den Locken erkannt.« Sie zupft an Jules Frisur. »Hach, der hat mir schon ganz viel von Ihnen berichtet! Dass sie das Land so mögen. Und dass bei Ihnen immer ein bisschen ein Aktenchaos ist. Wissen Sie, was mir da immer hilft? Ich sage mir das Mantra: *Ich erlaube mir, dass es leicht ist, Ordnung zu halten.* Das hilft super, sage ich Ihnen. Gell, Hansi?« Jule schüttelt ihre Haare und weicht vor Annika zurück.

Pichler wird rot. »Ja, Frau Zahner, also das ist meine, ähm, Freundin, die Annika –«

»Sie können mich auch Guru Satnam nennen!« Annika, also Guru Satnam, rückt sich das Kleid aus weißem Leinen zurecht und schaut nervös von Hansi Pichler zu Jule Zahner.

»Wir machen hier ein kleines Achtsamkeitscamp. Also wir schlafen da drüben«, sie zeigt auf die Bäume, »auf dem Campingplatz. Morgens meditieren wir gemeinsam am Dennenloher See. Ich sag Ihnen, der Sonnenaufgang, ganz faszinierend. Wenn Sie da in sich reinhorchen und Ihr Herz ganz weit öffnen, das kann so heilsam sein.« Ihre Augen blicken in eine undefinierbare Ferne. »Und heute Nachmittag waren wir dann hier im Schlosspark im Zen-Garten für die Meditation. Haben Sie schon mal meditiert?«

Die Kommissarin geht nicht darauf ein. In ihrer Tasche klingelt das Handy, schrill, wie vorhin. Es ist wieder ihr Achtsamkeitscoach, sie drückt ihn weg. »Der Herr Pichler hat gesagt, hier würde jemand vermisst? Sie wissen schon, dass erwachsene Menschen sich aufhalten können, wo sie wollen? Wieso kommen Sie denn zu der Annahme, dass es sich um ein unfreiwilliges Verschwinden handelt?«

Annika zuckt zusammen. »Ah, deshalb seid ihr hier, klar, hätte ich mir ja denken können.«

Pichler schaut eifrig nickend auf seine Freundin. »Erzähl, Annika!« Annika atmet tief ein, schließt für einen kurzen Moment die Augen und sagt: »Der Stefan Tackenmüller, der hat schon gleich gesagt, dass er sich hier angemeldet hat, weil er sich so verfolgt fühlt und nicht abschalten kann im Alltag. Zuerst hab ich ja gedacht, das ist wie immer mit diesen erfolgreichen jungen Männern: Fühlen sich verfolgt von den Menschen auf der Arbeit, von der Konkurrenz auf dem Markt, schlafen wenig, essen ungesund, vergessen oft sogar, ihre Katze zu füttern – ja kein Wunder, dass man sich da verfolgt fühlt. Aber als er dann nicht mehr zum Campingplatz kam nach der Kundalini-Meditation im Schlosspark ... Nein, das ist doch nicht normal! Und da, wo er für die Meditation saß, da haben wir Blut gefunden.« Annika ringt um Fassung.

»Vielleicht ist er früher nach Hause gefahren oder eingeschlafen?« Jule Zahners Ton ist schärfer, als sie beabsichtigt hat.

Annika schaut sie verwirrt an: »Das glaub ich nicht.«

Jule lässt ihren Blick über den Park schweifen. Schön ist es hier, wirklich. Die Blumen, der kleine Bach, der durch das blühende Uferdickicht mäandert. In der Ferne ein paar Pferde auf der Koppel. Ein kleines Café, vor dem Holztische aufgebaut sind. Um die Tische sitzen etwa zehn Personen. Einige von ihnen tragen Leggings und Yoga-BH, ein paar haben kurze Hosen an. Alle sind barfuß. Annika folgt Jules Blick: »Die erden sich gerade. Nach dem Schreck. Mein Kollege, der Torsten, ist bei ihnen und begleitet sie mental durch diese Situation. Torsten!«, ruft sie. »Kommst du mal? Ich brauch hier deine Unterstützung!«

Torsten steht auf und bewegt sich gepardengleich an den Tischen vorbei. Jetzt erkennt Jule ihn: Torsten ist ihr Achtsamkeitscoach.

»Hallo, äh, Herr Dachsler.« Sie streckt ihm die Hand hin.

Annika ist verwundert. »Sie kennen sich? Du, Torsten, ich geh mal zur Gruppe, dass die begleitet werden von mir in dieser Situation.«

Jule ruft ihr noch nach: »Ja, ich hätte heute eigentlich einen Kurs bei ihm besucht, aber dann kam die Arbeit dazwischen.«

»Der Kurs fällt heute sowieso aus.« Torsten Dachsler reibt sich die Stirn. Seine grauen Wellen werden von einem weißen Stirnband nach hinten gehalten. Er blinzelt. »Jetzt, wo der Stefan nicht mehr da ist. Das muss ich ja erst mal verarbeiten. Da kann ich nicht einfach so weitermachen. Aber schön, dass Sie mal sehen, wo der Kurs in den Sommermonaten stattfindet.« Er lässt seinen Blick über die Wiese mit den Holzskulpturen und den bunten Plexiglasfiguren schweifen. »Schon schön hier. Also, wenn keiner verschwindet.«

Ach, hier wäre das gewesen. So genau hatte Jule die Mail jetzt auch nicht gelesen. Sie hatte sich in ihrem Übereifer mit »Alles muss anders werden auf dem Land« für einen sechsmonatigen Kurs für Autogenes Training und Achtsamkeit eingeschrieben. Aber wirklich regelmäßig ist sie nicht hingegangen. Das wäre aber die Voraussetzung gewesen, dass ihr Arbeitgeber die Kosten trägt.

»Ich fände es gut, wenn wir uns jetzt mal auf das Wesentliche konzentrieren. Sie sagen, hier ist jemand verschwunden, vermutlich ermordet. Das ist ja schon ne heftige Behauptung, für die jetzt hier das ganze Aufgebot der Polizei kommen muss.« Sie deutet auf sich und Pichler. »Und das, obwohl ich so viele Akten sortieren müsste«, fügt sie leise hinzu. »Wie kommen Sie denn darauf, dass es wirklich was Ernstes ist?«

Pichler nickt und wiederholt: »Wirklich was Ernstes ist?! Erzähls ihr, Torsten!«

»Ja, also, es sollten alle Yogis aus unserem Camp – das Wort benutze ich übrigens so gerne wegen dem Gendern – also, alle sollten sich einen Glücksort hier suchen und dort für eine Stunde in Stille meditieren. Ganz auf sich und die Flamme im Herzen hören. Aber der Stefan, der kam nicht zurück.«

Und Sie sind sicher, dass er nicht nur eingeschlafen ist?, will Jule sagen, dann beißt sie sich auf die Lippen und fragt stattdessen: »Und er ist nicht wieder zum Campingplatz oder hat sich nen anderen Ort gesucht? Ist ja recht weitläufig hier.« Jules Blick schweift über die große Rasenfläche mit den Skulpturen zu ihrer Linken und dem Botanischen Garten, der vor ihr liegt. In der Ferne blühen Büsche mit rosafarbenen Knospen. Vögel zwitschern. Ein Uhu ruft. Die Blätter rauschen, die Gespräche der Meditationsgruppe verhallen auf dem Areal, jemand geht auf die Toilette, der Kies knirscht. Jule atmet tief ein und wieder aus.

»Äh, Frau Zahner? Ich hab Sie was gefragt!« Pichler rüttelt sie an der Schulter.

»Lassen Sie mich doch mal kurz nachdenken.«

»Sollen wir uns nicht mal den Glücksmeditationsort ansehen?«, wiederholt ihr Assistent seine Frage.

»Moment noch. Herr Dachsler, wieso sind Sie so sicher, dass dem Herrn Tackenmüller was Ernstes zugestoßen ist?«

»Ja, wegen dem Eisenstab und dem Blut.«

Jule wird wütend. »Pichler, wussten Sie das etwa? Haben Sie wenigstens die Spurensicherung informiert, wenn Sie schon nicht dafür gesorgt haben, dass der Park komplett abgeriegelt wird?«

Als wären Jule Zahners Gedanken gelesen worden, hört sie hinter sich den Kies knirschen. »Hallo, alle zusammen. Meierhofer von der Spurensicherung. Der Herr Pichler hat mich angerufen.«

»Danke, gut, dass Sie da sind!« Pichler nickt eifrig und richtet seinen Rücken auf, sodass er noch etwas gerader dasteht. »Torsten, wo müssen wir denn hin?«

»Ja, also, der Stefan hatte sich den japanischen Moosgarten ausgesucht für die Meditation. Der japanische

Moosgarten ist ein heiliger Ort. Mit ganz spannender Energie. Folgen Sie mir!«

Sie gehen in den Park hinein, dann biegen sie nach rechts ab in den Botanischen Garten. Die Wege sind so schmal, dass sie leicht versetzt hintereinander über den steinigen Pfad gehen, über schmale Brücken, vorbei an blühenden Sträuchern und Bonsais. Nach wenigen Minuten führt Torsten sie nach links zum Wasser des Mühlweihers. Jule holt tief Luft. Der halbe Weiher ist voller Seerosen, die zartrosé blühen. Frösche hüpfen von Blatt zu Blatt. Wie in einem bescheuerten Kinderbuch, denkt sie.

»Ja, und da, zwischen dem Moos, da saß der Stefan«, erklärt Torsten Dachsler. »Auf den Steinen. Weil das Moos darf ja keiner betreten.«

Hinter der Biberinsel wird der Himmel dunkel.

»Sieht nach Gewitter aus«, murmelt Jule. »Und hat denn jemand was gehört? Und wo ist die Eisenstange, von der Sie vorhin sprachen?« Das Einzige, was Jule sieht, sind steinerne japanische Laternen im Teich, auf dem Moos, überall, etwa kniehoch.

»Da vorne am Steg.« Der Achtsamkeitstrainer führt Jule, Pichler und Meierhofer weiter Richtung See, wo ein kleiner Holzsteg den Blick auf die gesamte Wasser- und Seerosenfläche freigibt. »Wir haben den Stefan ja gesucht. Und dann hab ich hier zwischen den Holzbohlen das hier gesehen.« Sein Finger fuchtelt vage in der Luft herum, dann rutscht ihm sein Stirnband ins Gesicht. Er schiebt es so schnell nach hinten, dass es zu Boden fällt. »Scheiße!«, entfährt es ihm. »Äh, sorry. Immer schön entspannt bleiben, ne.« Er hebt das Stirnband langsam auf. »Ihh, das ist ja ekelhaft!« Mit spitzen Fingern zeigt er es Meierhofer. Es ist an einer Seite rotbraun getränkt. »Was ist das?«

Im Augenwinkel sieht er die ersten Blitze zucken, kurz darauf grollt es über ihnen.

Meierhofer hält ihm eine kleine Plastiktüte hin: »Schnell, bevor der Regen kommt. Werfen Sie das mal hier rein für die Analyse. Sie müssen sich wohl ein neues Haarband besorgen.«

Jule Zahner schaut genauer hin. »Sieht nach Rost und Blut aus. Tja, ich schätze mal, hier werden wir zumindest für den Anfang fündig.«

Meierhofer zieht sich blaue Plastiküberzieher über die Schuhe. »Bleiben Sie bitte alle hier stehen! Jule, nimm die« – er wirft ihr auch Überzieher und Handschuhe zu – »und hilf mir hier mal«. Zwischen den Holzbohlen liegt eine schmiedeeiserne Stange, das eine Ende ist mit einer Kugel verziert, etwa golfballgroß, die wie ein runder Käfig aussieht. Auf der Kugel sitzen zwei kleine metallene Vögelchen.

Auf dem Balkon bei den Hortensien würde das super aussehen, denkt Jule.

Auf der einen Seite ist die Stange spitz zulaufend, um sie in den Boden zu stecken. Oder in Menschen. Die Metallstange ist bis zu einem Drittel in Blut getaucht, das in kleinen Tropfen zu Boden fällt. »Hätten wir das auch geklärt«, sagt Meierhofer und packt die Stange mit dem Käfigornament nach unten in eine sehr große Plastiktüte. »Also, wenn Sie mich fragen, ist da schon jemand echt verletzt worden. Das da könnte Haut sein. Und das hier Knochen und Fleisch.«

Eine dunkle Wolke treibt über den Mühlweiher, und in diesem Moment fängt es so an zu regnen, dass Jule schon befürchtet, der Weiher würde sofort über die Ufer treten und den See überschwemmen. »Verflucht!«

Meierhofer und Jule suchen den Rest des Steges nach Indizien ab, zumindest den Teil, den sie noch sehen können, so dicht sind die Regentropfen, so dunkel ist der Himmel geworden.

»Geht schon mal ins Trockene!«, ruft sie Pichler und dem Achtsamkeitscoach zu. »Wir kommen gleich nach!«

Die beiden verschwinden hinter den dicht bewachsenen Wegen.

»Wir müssen schauen, wo die Blutspritzer sind. Aber da ist nichts mehr zu machen!«, brüllt Meierhofer durch den immer lauter aufziehenden Sturm. »Gut, wir haben die Stange und noch mal eine Blutprobe auf dem Haarband. Es ist, wie es ist. Lass uns abhauen. Für heute können wir nichts mehr tun.«

Sie rennen über die Kieswege und kleinen Brücken am Ufer entlang. Plötzlich stolpert Meierhofer, seine Knie berühren den Boden. Jule packt ihn am Ellenbogen, dabei reißt die Asservatentüte mit der Blumenstange.

»So ein Mist!«, ruft Meierhofer. »Das hat mir gerade noch gefehlt.« Jule bückt sich und hebt alles auf. Sie hat noch die Handschuhe an. Meierhofer packt umständlich eine neue Tüte aus. Der Regen prasselt in den nur einen Spaltbreit geöffneten Koffer mit dem Material für die Spurensicherung. Jule legt die alte, gerissene und nasse Tüte in die frische und versiegelt sie schnell. Dann rennen sie die letzten zweihundert Meter an der Schlossmauer entlang zum Parkplatz.

Als Jule sich zu Pichler auf den Beifahrersitz ins Auto setzt, atmet sie tief ein, schließt die Augen und denkt sich: Erden, ich muss mich erden. Der Raum zwischen den Atemzügen ist die Ruhe.

»Die Meditationsgruppe ist schon mal zum Campingplatz gefahren, nur der Torsten ist noch hier, also auf der

Rückbank. Ich hab Annika gesagt, dass das okay ist«, sagt Pichler.

»Gut, dann rede ich noch kurz mit Torsten, also, ähm, Herrn Dachsler.« Es donnert. Jule zuckt zusammen und dreht sich um. Da sitzt Torsten, so steif und still und leise zitternd, dass ihr ohne Pichlers Hinweis mit Sicherheit bis zum Präsidium nicht aufgefallen wäre, dass da noch eine dritte Person im Wagen ist. Sie verdreht die Augen und erdet sich dann, indem sie mit beiden Füßen den Schlamm, der an ihren Schuhen klebt, auf dem Boden des noch parkenden Polizeiwagens verteilt. Meierhofer winkt, als er an ihnen vorbei Richtung Präsidium fährt.

»Gut, Pichler, dann machen wir also die Befragung schnell hier. Bevor wir uns noch eine Erkältung holen.«

Sie hat den Satz kaum zu Ende gesprochen, da legt Torsten schon los: »Irgendwas hat mit dem Stefan nicht gestimmt. Der hat die ganze Zeit telefoniert und so. Auch bei den Meditationen, da ist der einfach aufgestanden und ans Handy. Die Annika hat dann heute nach ihm geschaut und wollte noch mal mit ihm reden und fragen, was da los ist. Keine Ahnung, was dabei rauskam. Vielleicht sind die dann noch mal schwimmen gegangen, so als Bewegungsmeditation. Das machen wir manchmal mit den Menschen, die den Kopf nicht freikriegen in der Stille. Da muss der Körper dann in Bewegung sein. Annika kam auf jeden Fall mit nassen Haaren zurück.«

Pichler nickt. »Danke, Torsten. Ja, das mit dem Schwimmen, das macht die immer. Will sie mit mir auch immer machen.« Er verzieht schüchtern den Mund. »Aber das ist nicht so meines. Was denkst du, hatte er beruflich Probleme?«

»Das ist oft so bei diesen Menschen, die nicht ohne Handy können«, antwortet Torsten, zieht einen Zettel aus seiner

Tasche und reicht ihn Pichler. »Hier sind die Kontaktdaten seiner Firma, die hat er bei der Anmeldung mit angeben müssen, weil die Firma die Seminarkosten trägt.«

»Perfekt, danke, Torsten. Für heute können wir wohl eh nichts mehr machen. Pichler, vielleicht rufen Sie dann noch die Wasserwacht an? Nicht, dass der ertrunken ist?!«

Pichler nickt eifrig: »Mach ich, Frau Zahner. Sehr gern.«

Und dann startet auch er den Motor. Die Scheibenwischer schaffen es kaum, für klare Sicht zu sorgen. Sie lassen Torsten am Campingplatz raus, und er läuft zitternd Richtung Waschhäuschen. Über ihnen blitzt es, im selben Moment folgt der Donner.

Im Präsidium streift Jule Zahner die nassen Locken hinter die Ohren. »Meierhofer, danke schön. Was denkst du, können wir von den Spuren noch was sichern?«

»Wir werden sehen, was der Regen übrig gelassen hat. Ich mache mich gleich morgen früh an die Analyse. Für heute wird das nichts mehr.« Er fährt mit der rechten Hand über seine nassen Hosenbeine. »Ich sag's dir, Jule, ich brauche jetzt ne warme Badewanne. Schönen Feierabend!«

»Ebenso! Bis morgen.«

Seine Schritte hallen durch den leeren Flur, dann fällt die Tür ins Schloss.

Als Jule in ihrer Jackentasche nach dem Handy greifen will, zieht sie ihre Hand schnell wieder raus. Außer eingeweichten Taschentüchern befindet sich darin nämlich nichts. »Muss ich also morgen noch mal zum See und das dämliche Handy suchen. Falls es den Regenbruch überhaupt überstanden hat«, murmelt sie.

Dann läuft sie zum Parkplatz, dreht den Schlüssel im Zündschloss und erinnert sich daran, dass sie noch Katzenfutter kaufen muss. Aber nicht in den nassen Klamotten, denkt sie. Und als sie zu Hause ankommt, hängt ein Schild von ihrer Nachbarin an der Tür: »Jule, ich hab dem Tapsi Futter gegeben, der hat so laut miaut im Garten. Ich glaub, er freut sich über Streicheleinheiten.«

Ich liebe das Landleben, denkt Jule, streift sich die klammen Klamotten ab und springt unter die Dusche. Das warme Wasser fühlt sich gut an auf ihrer Haut, die Tropfen spülen den Rest des Tages in den Abfluss. Als sie sich in ihrem wärmsten Schlafanzug ins Bett legt, lässt sie gedanklich München hinter sich, dann die Mordopfer, die sie in ihrer Zeit dort gesehen hat, dann das Yoga-Camp. An der Scheibe klopft Tapsi, aber das hört Jule schon nicht mehr.

Als der Wecker klingelt, liegt Jule schon seit ein paar Minuten wach. Tapsi war der bessere Weckmechanismus. Ein lautes Miau hatte um Einlass gebeten. Nachdem Jule ihr Milch und ein bisschen Nudeln und Käse vom Vortag hingestellt hat, schnurrt Tapsi zufrieden in ihrer Armbeuge.

Argh, der Vermisstenfall, der vielleicht ein Mord ist. Also höchstwahrscheinlich, denkt Jule. Dann springt sie mit mehr Energie aus dem Bett als sie vorhatte. Das hatte man ihr schon in München nachgesagt: Wenn eine ein Gespür für Menschen hat, auch für Verschwundene, dann sie. Wenn eine keinen Bock hat, dieses Gespür zu haben, dann ebenfalls sie. Und wenn eine dann doch voller Feuereifer die Ermittlungen beginnt, tja, dann muss es auch sie sein.

Im Präsidium wird sie von Meierhofer begrüßt: »Jule, was ich noch an Informationen aus der Spurenanalyse weitergeben kann: Wir haben im Labor blondierte, lange Haare an der Blumenstange gefunden. Wir vermuten von einer

Frau. Die DNA wird noch erhoben und dann in die Datenbank eingelesen.«

»Gut«, sagt Jule. »Ich denke, wir sollten das Umfeld checken. Arbeit, Privatleben, Partner oder Partnerin. Dann von der Wasserwacht die beiden Seen durchkämmen lassen, den Dennenloher See und den Mühlweiher beim Schlosspark. Und ich hab mein Handy verloren, als wir durch den Regen zum Auto gerannt sind. Ich muss auf alle Fälle heute noch mal hin und nachschauen.«

Meierhofer nickt. Da kommt Pichler den Gang entlanggerannt. Er muss kurz Luft holen, dann sagt er: »Ich hab gestern noch bei der Wasserwacht angerufen. Die sagen, es macht keinen Sinn, im See zu suchen, da sehen die eh nichts. Alles aufgewühlt und voller Schlamm vom Gewitter. Die sagen, ne Wasserleiche kommt ganz von allein wieder hoch. Wir brauchen nur Geduld.«

Jule verdreht die Augen. »Ja, klar. Pichler, ich fahre heute noch mal hin, ein paar Sachen checken. Aber ohne Sie.«

Pichler schaut zu Boden. Er blinzelt etwas zu oft.

»Sie checken noch das private Umfeld des Täters. Ich kümmere mich um das berufliche.«

»Ja, cool, gestern, da haben die von der Yogagruppe, also meine, ähm, die Annika, die haben mir schon die ganzen Infos zugesteckt, mit Arbeit und so, als Sie noch mit Meierhofer gemeinsam die Spuren gesichert haben. Ich ruf jetzt mal seinen Bruder an.«

»Perfekt, und ich in der Firma.«

»Ist ne Softwarefirma«, sagt Pichler. »Da hab ich auch die Kontaktdaten. Hier.« Er reicht ihr einen Zettel, der schon einmal nass und dann wieder trocken geworden ist. »Hab ich auf die Heizung gelegt über Nacht.«

Jule steht vor einer Flipchart, auf die sie mit Edding Stichpunkte geschrieben hat. »Also, ich bin direkt in die Firma gefahren. Ein Start-up, das digitale Lösungen für Videokonferenzen entwickelt, bei denen sich Hologramme wirklich im Raum gegenübersitzen. Großes Potenzial. Der Vermisste ist gut integriert, beliebt bei den anderen Angestellten. Er ist der Programmierer der ganzen Software. Das kann ein Millionending werden. Sie sind sehr schockiert über sein Verschwinden. Ich habe auch mit seiner Chefin, Frau Sonja Burkhard, gesprochen. Sie schwärmt in den höchsten Tönen von ihm. Fast in zu hohen Tönen. Interessant fand ich die Aussage von einem Arbeitskollegen, dass Stefan Tackenmüller in der letzten Zeit oft unruhig gewesen sei. Er habe gesagt, dass er das Gefühl habe, beobachtet zu werden. Das deckt sich mit dem, was Ihre Freundin gesagt hat. In seinem Schreibtisch hat Stefan eine versteckte Kamera entdeckt, die ihn filmen sollte, wie er arbeitet. Die Chefin sagt, sie hätte das nicht mitbekommen. Ich bin mir sicher, irgendwas ist da noch, das wir nicht wissen. Pichler, was haben Sie über sein Privatleben rausgefunden?«

Pichler tritt nach vorne und zückt einen Edding. »Ich hab mit seinem Bruder telefoniert.« Er schreibt »Bruder« an die Flipchart, aber der Edding ist schon relativ ausgetrocknet und Pichler muss mehrmals die Buchstaben nachfahren.

»Und der Bruder, der war sehr nett«, fährt Pichler fort. »Sonst haben die beiden allerdings niemanden mehr. Die Eltern sind beide bei einem Unfall vor mehreren Jahren verstorben. Der Bruder und der Vermisste wohnen in einer WG, also einer Wohngemeinschaft.« Pichler macht eine kurze Pause. »Der Vermisste hatte seit Jahren keine Beziehung. Hat sich nur aufs Programmieren konzentriert. War gerade als Anteilseigner in die Firma eingestiegen.«

»Interessant«, murmelt Jule. »Das hat mir niemand gesagt. Weder die Chefin noch das Kollegium.«

»Mhhh ...« Pichler runzelt die Stirn. »Ja, hat der Bruder so gesagt. Und wegen der Anteile musste er oft abends noch arbeiten in letzter Zeit, mit der Chefin alles besprechen. Tackenmüller wollte das große Geld machen und dann auswandern. In den USA dann Unternehmen beraten wegen der Digitalisierung. Aber vor allem wollte er zu sich kommen, also so Persönlichkeitsentwicklung und Yoga. Das war ihm wichtig geworden. Er hat wohl in letzter Zeit mehrere so Seminare besucht, sagt der Bruder. Wollte bei sich ankommen, raus aus dem Stress, dem Hamsterrad. Einmal die große Sache programmieren und dann ausgesorgt haben und sich auf sich konzentrieren.«

»Spannend«, sagt Jule. Dann blickt sie zu Meierhofer. »Die Chefin hat mir nicht alles gesagt, allerdings hat sie auch keine blonden Haare, sondern rote, kurze Locken. Lassen Sie uns mal nach Menschen mit blonden Haaren in seinem beruflichen Umfeld Ausschau halten.«

Pichlers Stimme wird höher. »Ja, ich frag mal die Annika, die kennt die ja auch alle.«

»Und das sagen Sie erst jetzt?« Jule atmet scharf ein. »Sind Sie befangen?«

Pichler duckt sich kurz, dann räuspert er sich: »Nein, bin ich nicht. Weil die Annika, die hat da mal bis letztes Jahr gearbeitet, jetzt aber nicht mehr. Jetzt ist sie ja Yogalehrerin.«

»Pichler, ich hab Sie im Blick.« Jule kneift ihre Augen zusammen und fixiert ihn. »Wenn Sie das Gefühl haben, Sie sind nicht mehr neutral oder Ihnen fällt was ein, was Annika Ihnen über die Firma gesagt hat, das uns helfen könnte, dann melden Sie sich, ja?«

Er nickt. »Mach ich, ist doch klar, mir geht jetzt schon der Beruf über das Private. Aber verraten Sie das nicht Annika.« Er hält kurz inne. »Es kriselt sowieso gerade. Also eigentlich machen wir ne Pause. Sie meinte, sie ist sich nicht mehr sicher, weil ich ja so viel arbeite und immer so gestresst bin und auch wegen der Überstunden und so. Und ich soll doch mal Yoga machen und alles –«

Jule unterbricht ihn. »Aber um gestern zu kommen und den Tatort anzusehen, dafür waren Sie gut genug?«

»Na, sie hat mich ja nicht drum gebeten. Das war eher Eigeninitiative. Ich glaub, sie war sogar ziemlich erschrocken, dass ich da ankam.«

Als Jule am Dennenloher See parkt, ist der Himmel klar. Ein paar Jugendliche und Familien liegen auf der Wiese. Die Sonne scheint warm und angenehm auf Jules Haut, der Himmel ist blau, und vom gestrigen Gewitter ist nichts mehr zu sehen. Nur ein paar Äste am Straßenrand und das trübe Wasser erinnern an den Wolkenbruch.

Jule geht zum Nachtlager des Yogacamps. Sie will unbedingt noch mal mit Torsten Dachsler und Annika reden. Hat die eigentlich keinen Nachnamen?, denkt Jule und beantwortet sich die Frage mit einem inneren Schmunzeln selbst: Bisher kein Nachname, sondern vor allem eine Beziehungskrise mit Pichler. Man kann eben nicht alles haben.

Kaum biegt Jule nach rechts zum Campingplatz ein, hört sie es schon rufen: »Frau Zahner, na das ist ja eine Überraschung! Kommen Sie doch zum Meditieren vorbei heute? Ist es ruhiger geworden auf dem Präsidium?« Torsten rückt sich sein neues Stirnband über den silbernen Haaren zurecht. »Ich sag Ihnen, wir mussten gestern erst mal Energiearbeit machen und haben mit weißem Salbei alles weggeräuchert. Die Fremdenergien vom Stefan, die waren dann doch noch sehr störend.« Er kramt in seiner Tasche und hält Jule ein kleines Bündel aus Leinenstoff hin. »Das hier lag auf dem Parkplatz. Ich nehme an, das ist Ihres. Es schrillt die ganze Zeit sehr laut. Hat den Regen also gut überstanden. Ich hätte Sie ja angerufen, aber ...« Sein Blick geht Richtung Bündel.

»Danke.« Jule nimmt ihr Handy entgegen. »Waren Sie denn gestern noch mal im Park?«

»Nee, da ging ja nichts mehr, alles abgeriegelt, bis die tauchen können, haben sie gesagt. Wir machen jetzt komplett alle Übungen hier am Dennenloher See. Auch sehr schön. Nicht so viele Glückskraftquellen, aber dafür ein weiter Blick. Ideale Liegefläche für das Yoga zum Sonnenaufgang.« Er hält kurz inne und schaut zu Boden. »Ich hoffe echt, der wird gefunden. Also lebend.«

»Das hoffe ich auch«, sagt Jule, aber sie spürt, dass das nicht der Fall sein wird.

»Kommen Sie doch heute Abend noch zur Chakra-Meditation zum Vollmond. Das würde mich echt sehr freuen. Und es würde Ihnen gut tun, bei all dem Stress.« Torsten schaut Jule freundlich in die Augen. Eigentlich muss ich ja Katzenfutter kaufen, denkt Jule. Andererseits: So nah kommt sie an diese Gruppe nie wieder ran. Die perfekte Gelegenheit. »Gut, weil Sie mich so lieb gefragt haben«, antwortet sie.

»Bringen Sie ruhig was zum Übernachten mit. Bei der Annika im Zelt ist noch Platz.«

»Mach ich!« Jule winkt, geht zum Auto. »Was stinkt denn hier so?« Sie schaut auf die Rückbank. Sie hatte also doch Katzenfutter gekauft. Eine Packung muss wohl beim Bremsen runtergefallen sein. Die Hitze hatte alles Weitere getan.

Als Jule zu Hause ankommt, maunzt ihr Kater schon. Mist, sie hatte vergessen, ihn rauszulassen. Aber immerhin gibt es jetzt Katzenfutter, denkt sie, füllt den Napf, holt ihren Schlafsack und packt Yogahose und Pulli ein.

Als sie in den Campingplatz einbiegt, ist da niemand. Die Zelte der Yogagruppe sind leer. Jules Mund ist trocken, und ihr fällt auf, dass sie den ganzen Tag kaum was getrunken hat. Nicht mal ihre Glasflasche mit dem Rosenquarz und der Lebensblume, die sie sich extra für die Meditationskurse gekauft hatte, hat sie befüllt. Sie biegt ab zum Waschraum, geht durch die Tür, hin zu den Waschbecken, und lässt klares Wasser in die Flasche laufen.

»Ja, ich liebe dich auch«, hört sie Annika vorm Fenster reden. »Ja, morgen Abend im Büro. Nein, ich hab endlich Schluss gemacht mit dem Hansi. Und du? Wie sieht es mit Stefan aus?« Pause. »Ich find es ja auch schlimm, dass der weg ist. Aber irgendwie ... na ja, es macht ja vieles leichter, oder nicht?«

Jule dreht den Wasserhahn aus. Als sie in die schwüle Abendluft tritt, sieht sie Torsten winken.

»Komm rüber, Jule, ich duze jetzt einfach mal, wir sind ja jetzt privat, also ich bin beruflich und du privat. Und da können wir uns duzen.«

»Ist ja jetzt auch egal«, murmelt Jule. Dann setzt sie sich zu den anderen in den Halbkreis auf die Rasenfläche. Der Dennenloher See ist in ein sanftes Abendrot getaucht. Annika hält eine große Muschel in der Hand, die sie zum Räuchern nutzt. »Weihrauch, Salbei und Campher«, erklärt sie, während sie das Räucherwerk auf der Kohle verteilt. Dann pustet sie hinein. »Zum Schutz und zur Abgrenzung. Wir beginnen mit einem ›Om‹, das alles verbindet. Alles hat seinen Sinn, atmet tief ein, spürt den Atem, wie er euren Körper erfüllt.«

Jule taucht tief in die Meditation ein. Das tut gut. Sie muss an nichts denken, die Gedanken ziehen vorbei wie Wolken. Es gibt keinen Mord mehr, kein schrillendes Handy und kein Präsidium. Nur sie und ihren Atem.

»Öffnet die Augen«, hört sie Torsten aus weiter Ferne sagen. »Kommt wieder zu euch. Bewegt eure Finger. Seid im Hier und Jetzt, nehmt das Außen wieder wahr.«

Als Jule auf den See blickt, traut sie ihren Augen kaum. Sie muss sich schütteln, dann ist sie sich sicher: Etwa zwei Meter vom Ufer entfernt treibt ein lebloser Körper.

Aus ihrer Yogatasche schrillt es plötzlich sehr laut. Sie nimmt ihr Handy und hebt ab: »Ja, Pichler, gut, dass Sie anrufen.« Und dann ist sie plötzlich sehr leise, als Pichler ihr erzählt, dass Annika eine Affäre mit ihrer früheren Chefin hat. Und auch Stefan eine Affäre hat. Mit derselben Chefin.

»Da haben Sie ganze Arbeit geleistet!«, lobt Jule. Und dann: »Tut mir leid, wenn das der Trennungsgrund war. Aber das könnte uns jetzt weiterhelfen. Und noch mal gut, dass Sie anrufen: Ich fürchte, ein paar Meter vor mir treibt der Vermisste im Wasser. Kommen Sie mit der Spurensicherung und der Gerichtsmedizin. Und dann machen Sie bitte Folgendes –« Detailliert erklärt sie Pichler ihren Plan.

Keine zehn Minuten später ruft Pichler wieder an. Dieses Mal reicht Jule ihr Handy an Annika weiter. Pichler redet so laut, dass Jule alles mithören kann. Und nicht nur Jule, sondern auch die anderen der Meditationsgruppe. »Annika, ganz ehrlich, und ich muss bei meinen Recherchen rausfinden, dass du mich betrogen hast? Hast du mich deshalb verlassen?« Annika stutzt, dann entgleisen ihr die Gesichtszüge. »Hansi, ähm, Johannes, es tut mir echt leid. Echt.« Pichler wird lauter: »Ich kann dir das verzeihen, aber sag mir ehrlich: Hast du was mit dem Verschwinden von Stefan zu tun?« Annika bricht in Tränen aus. »Fuck, ich weiß doch auch nicht, wie das passiert ist. Es war ein Unfall, Stefan hatte sich so seltsam an den Baum gelehnt für die Meditation. Um ihn herum Blumen, Hortensien, die blauen. Richtige Blütenbüsche, die von vielen Pflanzenstangen gestützt werden. Dann ist der eine Stab umgefallen, als Stefan dagegenkam. Irgendwie war der Stab falsch herum – mit der Spitze nach oben und nur lose zwischen Blumen und Baum gelehnt. Warum steckt den denn auch niemand richtig in den Boden?!« In Annikas Augen sammeln sich Tränen, ihre Nase läuft. »Ja, und der Stab hat dann Stefans Oberkörper durchbohrt. Erst bin ich hin und wollte helfen. Aber dann kam irgendwie alles hoch in mir, all die Gefühle und Wut und Trauer, und dann hab ich den Blumenstab irgendwie nicht rausgezogen, sondern noch weiter reingesteckt, ich weiß nicht, was in mich gefahren ist. Ich wollte doch Sonja nur für mich alleine.« Annika schluchzt.

»Danke, das reicht.« Jule nimmt ihr das Handy aus der Hand und hält ihr Handschellen hin. »Du, äh, Sie sind verhaftet.« Im selben Moment biegen drei Einsatzfahrzeuge um die Ecke, die Sirenen hallen über die weite Fläche des Sees.

Pichler steigt aus, sein Gesicht sieht grau aus und gleichzeitig irgendwie stolz.

Die Yogis der Meditationsgruppe kreischen auf, als sie die Wasserleiche am Ufer erkennen. »Bitte, bleibt ruhig. Je lauter es im Außen ist, desto ruhiger ist es im Innen.« Torstens Stimme wird lauter, um durchzukommen.

Am Ufer legt Meierhofer eine Plastikplane über die Leiche. »Ich schätze, das ist der Vermisste. Die Wunde passt.

Schön seitlich in die Flanke, das ging in die Lunge. Hier Schleifspuren an der Hose, muss ein ganzes Stück über Land gezogen worden sein mit der Plane. Und da eine Schnur, an die er wohl an etwas Schweres gebunden wurde, damit die Leiche nicht nach oben kommt. Knotenkunde ist halt so ne Sache.« Meierhofer zuckt mit den Schultern.

Jule nickt. »Jemand muss ihn vom Weiher aus dem Schlosspark nach draußen gebracht und in den Dennenloher See geworfen haben. Ich schätze, jemand wusste, dass wir mit Tauchern kommen würden.« Annika schluchzt auf. »Ich wollte das doch alles nicht.«

Jule schaut zu Pichler. »Das haben Sie gut gemacht.« Er strahlt. »Vielleicht bleib ich doch hier, Frau Zahner. Irgendwie macht das Ermitteln auf dem Land schon Spaß.«

Jules Handy klingelt wieder schrill. Es ist ihre Nachbarin. »Ich hab dem Kater noch mal Wasser hingestellt«, sagt sie.

Jule lächelt. Erst in sich hinein, dann Pichler an. »Ich liebe das Landleben, ich glaube, ich kann mich hier entspannt einrichten.«

Tommie Goerz
Weidmanns Ruh

Hahnenkammsee

Über dreihundert Menschen waren zur Beerdigung gekommen, es war beeindruckend. Der Friedhof im kleinen Heidenheim, der kaum einen Steinwurf vom Marktplatz entfernt lag, war schwarz gewesen vor Menschen. Nur gut zwei Handvoll Trauergäste trugen kein Schwarz: Die Förster und Jäger der Region waren geschlossen in Grün erschienen, in Uniform und Tracht. Ein paar von ihnen hatten schon nachts Totenwache gehalten. Jetzt, zum letzten Gang ihres geschätzten Kameraden, hatte man sich links unters Hutband einen Bruch gesteckt, das abgebrochene Stückchen eines Tannenzweigs mit der unteren Seite nach außen, so wollte es der Brauch. Auch, dass man nach der Aussegnung mit den Hüten in der Hand hinaustrat zum Spalier und dann, die Hüte auf dem Kopf, dem Sarg in Zweierreihen folgte bis zum Grab, das man mit Reisig ausgelegt hatte. Für eine sanfte Ruhe. Der Zug der Jäger bewegte sich in losem Gleichschritt fort, geführt von einem Kameraden mit einem Kissen aus rotem Samt, auf dem die Auszeichnungen und Jahresnadeln des Verstorbenen lagen, Zeichen des langen und geachteten Jägerlebens. Die Schleife des Kranzes, den sie am Grab niedergelegt hatten, schmückte statt »Weidmanns Heil« ein »Weidmanns Ruh«. Und »Deine Kameraden«.

Der grausame Tod des Jägers aus dem Städtchen am Fuße des Dürrenbergs hatte die Menschen bis weit über die Region hinaus aufgewühlt. Seit Tagen sprach man in den

Orten rund um den Hahnenkammsee über fast nichts anderes mehr, die Tat hatte längst das Verschwinden der jungen Frau aus dem kleinen Nachbarort Hechlingen am See verdrängt. Seit einer knappen Woche war sie jetzt verschwunden, doch kaum jemand sprach darüber, und wenn, dann hieß es, die wird schon wiederauftauchen in den nächsten Tagen, ist sicher alles halb so wild. Wahrscheinlich ist sie nur bei einem Freund oder kurz weggefahren, ohne etwas zu sagen.

Als die Bläsertruppe der Försterinnen und Förster auf ihren Jagdhörnern die Messe spielte, schön getragen, sanft tiefe Tonfolgen, floss manche Träne. Und als der Sarg hinabgelassen wurde zur letzten Jagdstation auf Erden, blies man erst *Jagd vorbei*, dann *Halali* und ganz zum Schluss *Auf Wiedersehen*. Selbst die alten, hartgesottenen Männer mussten hochziehen und sich schnäuzen. Dann trat ein Jäger nach dem anderen ans Grab, nahm mit der Rechten sich den Hut vom Kopf, verweilte kurz, der eine oder andere murmelte etwas, zumindest bewegte er sichtbar die Lippen, löste dann den Bruch mit seiner Linken aus der Hutschnur, benetzte ihn mit Weihwasser, besprengte damit den Sarg und ließ den Bruch von der gekippten Hutkrempe mit einem letzten »Weidmanns Ruh« ins Loch gleiten. Getragenen Schrittes und ohne Ordnung verließ man anschließend den Gottesacker und begab sich hinunter in die *Rose*, wo die Jagdgesellschaft jährlich tagte.

Heute traf man sich hier zur Leich und einem Reh- und Wildschweinbraten mit drei, vier, sieben Bier – und zusätzlich zwei, drei Willis für manche. Trauer muss man ertränken, alte Jägerregel, sonst frisst sie sich nur fest und macht dich wund. Noch auf dem Weg zum »Schlosser«, wie die *Rose* seit jeher hier im Ort genannt wurde, sah man den einen oder anderen schnell eine rauchen. »Sargnagel«, wie man kommentierte und den Tod verachtend inhalierte.

•

Johann Klösterle, der Anlass dieses kurzfristig und außerplanmäßig anberaumten Treffens, war in seinem Revier ums Leben gekommen, im achtundfünfzigsten Jahr seines Daseins auf Erden. Man hatte ihm zuerst ins Herz und dann mitten ins Gesicht geschossen. Aus allernächster Nähe. Durchs offene Fenster seines Fahrzeugs. Und keiner wusste, wer und warum.

Früh um kurz vor sechs war einem Jogger auf dem hinteren der von Hecken umstandenen kleinen Parkareale am Hahnenkammsee ein Auto verdächtig vorgekommen. Deshalb hatte er seine Schritte, nachdem er den See umrundet hatte, wie beiläufig am Auto vorbeigelenkt, auch weil er, klar, neugierig war. Was traf sich hier wieder für ein Pärchen heimlich? Oder war das vielleicht einer dieser Schmutzfinken, die immer wieder hierherkamen und ihren Schutt abluden? Zertrümmerte alte Küchenschränke, Kühlschränke, Waschmaschinen, Säcke und Kartons mit Müll, ja sogar ganze Sätze alter, abgefahrener Autoreifen. Immer bei Nacht und Nebel. Wie oft schon hatte er, weil er meistens der Erste war, wenn er auf seiner Runde früh am Morgen hier vorbeikam, auf der Gemeinde in Hechlingen am See oder am Forstamt angerufen und auf den Anrufbeantworter gesprochen, dass hier schon wieder jemand seinen Müll … Diesmal jedoch hatte er mit zittrigen Fingern die 110 gewählt. Der fürchterliche Anblick dieses halb weggeschossenen Gesichts, der schräg nach vorn hinabgesunkene Kopf, das Riesenloch am Hinterkopf, die Spritzer überall,

Hirn, Haut, Haare, Blut. Er hatte sich, nachdem er telefoniert hatte, erst einmal übergeben. Mit nichts im Magen. Es war trotzdem etwas gekommen, er wusste nicht, woher.

•

»Gertraut, ich nehm noch eins.«

»Ich auch.«

»Ach komm, dann machst mir auch noch eins«, ließ sich der Dritte überreden. Die Braten waren längst verzehrt, die Teller abgeräumt, Geschichten hatten zahlreich ihre Runden gemacht, die Biere und die Willis auch, man hatte des Verstorbenen gedacht und auch auf ihn getrunken, hatte letztlich gelacht, sich mit den Pratzen auf die Schultern gehauen und »Weißt du noch?« ... So hatte der Tote für Momente wieder wie unter ihnen gelebt. Doch dann war Schluss, man musste heim zu Haus und Hof, zu Frau und Kind, die Leich war dann auch beendet. Nur für die drei noch nicht.

Die Wirtin Gertraut Wittmann aus der *Rose* zapfte Bier, die fünften schon für die Betrunkenen, die noch am Tisch saßen. Es sollten nicht die letzten Seidlas sein für sie, für heute. Die anderen Jäger waren längst wieder gefahren, trotz Bier und Schnaps. Im Wald ist keine Polizei, die kontrolliert.

»Was hat der Hans bloß so spät dort gewollt?«, fragte der eine, prostete und trank.

»Am Parkplatz am See? Keine Ahnung«, lallte der andere.

»Und ohne Hund«, stocherte der Dritte im Dunkeln, »den hatte er sonst doch immer dabei.«

»Keinen Schritt ist der ohne den raus, niemals.«

»Vielleicht war er ja einem Wilderer auf der Spur?«

»Ohne Hund?«

»Oder hat er bloß angesessen irgendwo auf einem Hochsitz?«

»Ohne Gewehr?«

Bei Johann Klösterle hatte man nicht eine seiner zahlreichen Jagdwaffen gefunden, sie waren alle säuberlich bei ihm daheim im Waffenschrank versperrt.

»Was hat der Hans bloß so spät am Abend dort gewollt?«, schüttelte der Erste wieder nachdenklich den Kopf.

»Am Parkplatz da am See«, ergänzte der Zweite.

So drehte sich das Gespräch der drei im Kreis, bis ihnen Wirtin Gertraut nach dem siebten keins mehr einschenkte und sie nach Hause schickte. Als sie dann draußen einer nach dem anderen mit den Autotüren schlugen und ihre Wägen starteten, hörte sie schlicht weg. »Wie – die sind noch mit dem Auto gefahren? Das hab ich nicht gewusst!«, hätte sie jedem gesagt, der sie danach gefragt hätte.

•

Die Polizei tappte im Dunkeln. Der Ansbacher Kommissar Steckrüb hatte den Fall übernommen. Die Spurensicherung hatte kaum etwas gefunden, nur die zwei Projektilhülsen, man kannte also wenigstens das Kaliber. Doch war die Waffe, wen wundert's, nirgendwo registriert – und damit war man mit seinem Latein auch schon am Ende. Nicht eine einzige kleine Spur am Auto, nichts auf dem Parkplatz, das verwertbar gewesen wäre, keine Zeugen. Auch hatte niemand die Schüsse gehört, die zwischen zweiundzwanzig und vierundzwanzig Uhr am Vorabend gefallen sein mussten, so die Gerichtsmedizin. Der Jäger Johann Klösterle hatte keine

Feinde, keine Affären, keine Schulden, keine Laster gehabt, nichts, man wusste von keinen Streits, keinen Neidern, was auch immer.

Und die Kollegen vom Forstamt Weißenburg, wo Klösterle seinen Dienstsitz hatte? Waren nur sprachlos, hatten keine Ahnung. Ein bisschen wie ein Sonderling sei er schon gewesen manchmal, der Johann, sagten sie, vor allem auch der Pfefferlein, der oftmals eng mit ihm zusammengearbeitet hatte. Aber ein sympathischer. Stundenlang sei der Johann oft allein im Wald gewesen, bei jedem Wetter und zu jeder Jahreszeit. Immer mit seinem Hund, der Debra. Er hatte ja auch keine Frau. Den Verbiss untersuchen, den das Wild verursacht hatte, oder Spuren suchen und lesen, ja, das konnte er. Allein aus dem aufgewühlten Waldboden hätte er lesen können, wie viele Bachen unterwegs gewesen waren, mit wie vielen Frischlingen und Keilern. Jetzt lag Klösterle drüben in »Hanna«, wie sie das Städtchen Heidenheim hier nannten, unter der Erde, und sein gesamtes Wissen mit ihm.

•

Drei Tage nach der Beerdigung fuhr Anton Pfefferlein, der Weißenburger Forstamtskollege, zum Hahnenkammsee und parkte seinen Wagen. Er machte seine Runde um den See herum, sah Fische springen hinten, wo es ruhiger war, sah sich den Himmel spiegeln, sah Mücken tanzen im Sonnenlicht und Kinder toben vorn am Badestrand. Er ließ die Augen schweifen, suchte nach nichts Bestimmtem, aber suchte doch. Wenn der Hans hier umgebracht worden war, dann hatte das einen Grund. Er war hierhergekommen, weil er etwas tun musste oder wollte. Aber was?

Nach seiner Runde – es ist nicht allzu weit um den See – setzte sich Pfefferlein auf die Uferterrasse des *Haus am See* und orderte ein Bier. Am Nachbartisch stritt sich ein Ehepaar. Sie hatte einen Sonnenbrand, die Kinder sahen betreten zur Seite. Sie schämten sich für ihre Eltern. Kinder wollen keinen Streit, schon gar nicht zwischen den Eltern, sie wollen Frieden. Als die Bedienung das Bier brachte, bestellte Pfefferlein dann doch noch eine Currywurst rotweiß mit Pommes, die Luft am Wasser machte ihn immer hungrig, seit Kindheit schon, er konnte nichts dagegen tun. Die rot gebrannte Frau vom Nebentisch verströmte einen intensiven Duft nach Urlaub: Nivea oder Delial. Das Ehepaar stritt ohne Unterlass, es schien den beiden auch nichts auszumachen, dass man noch zwei, drei Tische weiter jedes Wort mitbekam. Der Anlass war banal und nichtig – die beiden mochten sich schlicht nicht, doch hatten sie zwei Kinder. Das war jetzt ihre Hypothek. Nicht Pfefferleins Problem, doch schade für die Kleinen.

Pfefferlein bezahlte irgendwann und ging. Wo Klösterle wohl das Uhupärchen beobachtet hatte, von dem er ihm erzählt hatte? Er schlenderte in Richtung der Parkplätze und ließ die Blicke weiter streifen – und blieb, ganz unbewusst, plötzlich an etwas hängen: an einem Nistkasten. Er stoppte, sah hinauf. Der Kasten hing ziemlich verdeckt in vielleicht drei, vier Metern Höhe zwischen Laub am Baum. Vielleicht von Klösterle irgendwann dort hingehängt, wer weiß. Doch was an diesem Kasten hatte seine Aufmerksamkeit erregt? Pfefferlein stand da und sah hinauf und konnte nichts Auffälliges entdecken.

Er machte langsam zwei, drei Schritte rückwärts und ließ den Kasten dabei nicht aus den Augen – und dann hatte er es: ein Lichtreflex war es gewesen! Ein klitzekleiner, den man nur in einem ganz bestimmten Winkel wahrnahm. Was reflektierte da im Nistkasten? Er hatte keine Ahnung, aber es war etwas, das dort nicht hingehörte. Er sah sich um. Stand irgendwo zufällig eine Leiter? Natürlich nicht. Doch er entdeckte etwas anderes: In der gegenüberliegenden Ecke des Parkplatzes hing ein ganz ähnlicher Nistkasten, von Laubwerk halb verdeckt. Er lief zum Weg, zum zweiten Parkplatz: hier genau das Gleiche. Was komisch war: Nicht einer der Kästen war bewohnt wie all die übrigen, die entlang des Weges hingen, das sah sein gut geschultes Auge. Um diese Jahreszeit flogen die Vögel ohne Pause ein und aus, sie hatten Junge, die sie füttern mussten, denn diese hatten Hunger und sonst nichts und wollten wachsen. Bei den vier Kästen an den Parkplätzen aber flog nichts ein und aus. Pfefferlein sah hinauf und wusste nur: Die hingen dort nicht zufällig. Was hatte Klösterle mit ihnen vorgehabt? Dass der Kollege hinter diesen Kästen steckte, war für ihn längst zwingend. Sie stammten, wie alle anderen auch, aus dem Lagerbestand ihres Forstamtes Weißenburg. In Rummelsberg gefertigt, nur für sie. Und: Kein anderer Kollege war so oft hier am See gewesen wie Klösterle. Das hier war seine Zuständigkeit und sein Revier. Hier irgendwo hatte er auch sein Uhupaar beobachtet – oder vielleicht doch eher rund um den Dürrenberg gleich hinter Heidenheim, einem der höchsten Gipfel des Hahnenkamms? Pfefferlein erinnerte sich an das letzte Mal, als er nachts einen dieser großen Vögel gehört hatte. Dieses tiefe Uhh. Uhh-Uhh von irgendwo tief aus dem Wald, fast unheimlich. Und doch berührend. Es grub sich ein wie etwas, das man vielleicht zum letzten Mal hört – und das auch weiß. Und einmal war ihm einer auf einem Waldweg entgegengekommen, ganz früh am Morgen, es wurde gerade dämmerig. Die Zeit, kurz bevor die Farben entstehen und das Grau erlischt. Die breiten Schwingen des Vogels füllten den Raum zwischen den Bäumen fast vollständig aus, so war es ihm vorgekommen. Lautlos, nur ein Meter über dem Boden, war ihm der Uhu entgegengeglitten – so würde er es beschreiben, und doch war es nicht das richtige Verb. Direkt auf ihn zu, fast ohne Bewegung, kein Flügelschlag, nichts. Nur Gleiten. Er, Pfefferlein, hatte dort gestanden und sich nicht bewegt, war nur gebannt gewesen. Hatte es wahrgenommen wie in Zeitlupe. So ein seltener, erhabener Augenblick – das war ihm sofort bewusst gewesen. Und dann hatte der Vogel nur den Wimpernschlag einer Bewegung gemacht mit seinen Flügelenden und war lautlos, auch wind-, ja sogar hauchlos, dicht über ihn hinweggeglitten, fast geschossen, und entschwunden in die Nacht. Nie wieder hatte er so einen Moment erlebt. Er konnte die Faszination verstehen, die Klösterle für diese Vögel hatte.

Er schüttelte die Erinnerung ab, stieg in seinen Wagen, startete und fuhr los. Er würde morgen wiederkommen, dann mit einer Leiter.

•

Es waren kleine Wildkameras, die Klösterle in den Bäumen installiert hatte. Hochwertige, nachtsichtfähige Geräte, die auf Bewegung reagierten und dann jeweils dreißig Sekunden aufzeichneten, so waren sie eingestellt. Und wenn sich etwas während der Aufzeichnung bewegte, länger. Das stellte Pfefferlein fest, als er am nächsten Tag den ersten Nistkasten öffnete. Und ihm war schlagartig klar, was das bedeutete.

»Was machen Sie denn da?« Ein Typ stand unten an der Leiter und sah zu ihm hinauf.

»Ich bin vom Forstamt Weißenburg, ich kontrolliere die Kästen. Ob sie bewohnt sind, von welchen Vögeln und so.«

»Ach so, dann passt's schon.« Es war der Wirt vom *Haus am See*, wie sich herausstellte. Pfefferlein hatte ihn aus dieser Perspektive nicht gleich erkannt. Der Parkplatz am See gehörte zum Gelände des Wirts, hier hatte er, das meinte er zumindest, das Sagen und musste nach dem Rechten sehen. »Hat Ihr Kollege, Gott hab ihn selig, auch immer gemacht.«

»Hm.« Pfefferlein hatte die Speicherkarte entnommen und eingesteckt, hatte den Kasten wieder verschlossen und war hinuntergestiegen.

»Und? Is was drin?«

»Nein, in dem Kasten nicht. Aber vielleicht ziehen ja noch welche ein.« Offenbar hatte der Wirt nichts von der Kamera gesehen und diesbezüglich keine Ahnung. Musste er auch nicht.

»Ich hab Ihrem Kollegen mal gesagt, dass er da so Wildbeobachtungskameras drin verstecken sollte.«

»Um die Tiere der Nacht zu observieren? Waschbären, Marder, Füchse, Rehe und so, meinen Sie?«

Der Typ schüttelte den Kopf. »Nee, für die Wildsäue.«

»Wildsäue?« Pfefferlein winkte ab. »Das hätte den nicht interessiert, eher Uhus. Ja, Uhus schon.«

»Uhus? Hier? Das können Sie vergessen. Da hab ich mein Lebtag noch keinen gesehen hier. Käuze gibt es und ein paar Schleiereulen, aber Uhus? Nee.«

»Klösterle, also der Kollege, Sie wissen schon, hat mir aber davon erzählt. Er hat hier ein Pärchen gesehen.«

»Nee.« Der Wirt schüttelte wie bei einem Missverständnis den Kopf. »Sie verstehen mich nicht.«

Pfefferlein sah ihn fragend an. »Was verstehe ich nicht?«

»Vergessen Sie den Uhu. Ich hab Ihrem Kollegen damals gesagt, er soll doch so Kameras aufhängen, damit wir die Wildsäue hier endlich mal zu fassen kriegen.«

»Leben denn hier so viele?« Wildschweine gab es hier jede Menge, das war ihm klar, aber dass es so viele sein sollten, dass sie sie hätten bejagen müssen, davon war ihm nichts bekannt.

Der Wirt lachte kurz auf. »Sie verstehen mich immer noch nicht. Ich meine die Dreckschweine, die nachts hierherkommen und ihren Müll abladen. Ganze Kücheneinrichtungen haben wir hier schon gefunden. Auch Schränke, Sofas, versiffte und zerschlissene Sessel, Kloschüsseln – Sie glauben ja gar nicht, was die Leute alles herbringen. Weil sie zu blöd sind, zum Müll zu fahren. Oder zu faul, was weiß ich. Auf jeden Fall hat er sie Wildsäue genannt und eine Stinkwut auf die gehabt.«

»Klösterle?«

»Wenn der so hieß, Ihr Kollege selig, ja.«

•

Es dauerte bis zum Nachmittag, dann hatte er alle Kästen überprüft. Nur in der ersten Kamera hatte eine Speicherkarte gesteckt, die anderen waren leer. Er fand das komisch, aber vielleicht hatte Klösterle sie zum Überspielen mit ins Büro genommen. Egal, er konnte es kaum erwarten, die Karte in den Rechner zu schieben und zu sehen, was auf ihr war.

Als er sie schließlich in seinem Büro in Weißenburg ins Lesegerät schob, verlangte der Rechner nach einem Programm – blöd, denn natürlich hatte er dieses Programm nicht. Aber er hatte sofort eine Idee und fuhr Klösterles Rechner hoch, auf dem das Programm ja installiert sein musste. Das Passwort stand auf dem Zettel unter der Tastatur. Hatten hier alle so, man musste ja an die Daten der anderen kommen, wenn die mal draußen im Wald waren oder sonstwie unterwegs.

Schon war er drin. Als er die Daten der Karte überspielte, klingelte das Telefon.

»Pfefferlein, Forstamt Weißenburg?« Er meldete sich ganz automatisch und sah auf die Uhr. Schon nach sechs. Normalerweise wäre er nicht mehr drangegangen, um diese Zeit ist eigentlich schon seit zwei Stunden niemand mehr hier. Amtsstube. Feierabend. Egal, jetzt wäre es ohnehin schon zu spät gewesen, aber es war seine Frau. Wo er denn bleibe, das Essen stehe auf dem Tisch.

Er hatte die Zeit total vergessen. Jetzt aber wollte er sich noch die Aufnahmen ansehen. »Ich hab noch zu tun, Schatz«, sagte er, »iss ruhig schon, es dauert bei mir noch eine halbe Stunde.«

Was Pfefferlein dann auf den Aufnahmen sah, ließ ihm den Atem stocken. Er verstand es – und verstand es nicht. In der Resthelligkeit des vergehenden Tages querten zwei Männer den Parkplatz. Schwarz-weiß, doch ziemlich scharf im Bild. Er kannte beide. Der eine war Klösterle, eindeutig. Er gestikulierte und schien dem anderen etwas zu erklären, wirkte ein wenig aufgebracht. Als sich die beiden mitten auf dem Platz befanden, blieb er stehen und deutete erst hinter sich nach oben ins Geäst, anschließend in Richtung des Parkplatzes nebenan und dann zur anderen Seite – dorthin, wo Kameras hingen. Dazu zählte er mit der anderen Hand – Daumen, Zeigefinger, Mittelfinger – demonstrativ bis drei. Zur Kamera, in deren Sichtfeld er stand und die die Szene aufzeichnete, deutete er nicht. Warum? Der andere schien etwas zu fragen, Klösterle nickte. Da, urplötzlich, versuchte der andere ihn zu packen, Klösterle aber wich zurück, schlug ihm die Hand weg, drehte sich um und eilte mit zwei, drei schnellen Schritten aus dem Bild. Der andere folgte ihm – verfolgte ihn, so wie es wirkte, dann waren beide weg. Der untere Bildbereich wurde vom dichten Laub verdeckt. Drei, vier Sekunden tat sich nichts, dann zuckte ein Lichtblitz über die Lichtung und gleich darauf ein zweiter. Der andere kam zurück ins Bild, rannte über den Platz, verschwand. Pfefferlein kannte diesen Mann, erkannte ihn am Körperbau, an der Frisur. Der Mann trug einen Pferdeschwanz, das haben hier nicht viele – eigentlich nur der.

Pfefferlein sah sich die Szene noch mal an und noch einmal. Kein Zweifel, das war dieser Typ aus Hechlingen am See. Klaus Irgendwie, der Name war ihm gerade nicht präsent. Ein schräger Vogel, aber eigentlich ein harmloser. IT-Freaks sind ja meistens so, ein wenig nerdig eben, leicht verranzt, verschludert. Hatte sich früher um die Rechner hier gekümmert. Jetzt machte das eine Firma, der Service war neu ausgeschrieben worden.

Was war dort auf dem Parkplatz vorgegangen? Klösterle hatte Klaus Dingsirgendwie die Kameras gezeigt, kein Zweifel – die, mit denen er die wilden Müllablagerer erwischen wollte. Die Kamera aber, in deren Bereich er stand, zeigte er ihm nicht. Warum? Ahnte er was? Dass dieser Klaus vielleicht den Müll ... und das auf den Speicherkarten festgehalten ... und der vielleicht versuchen würde, die Beweise zu entfernen, also die Speicherkarten, bevor er selbst ...?

Das ergab Sinn, und doch verstand Pfefferlein es nicht wirklich. Klaus Dingsbums – warum nur fiel ihm dessen Name jetzt nicht ein? – hatte Klösterle erschossen, eindeutig. Das ließen die Bilder ganz klar vermuten. Doch warum? Wegen ein bisschen Müll? Das wiederum ergab keinen Sinn.

Er überlegte. Sah sich die Aufzeichnung noch mal an. Und wieder. Die Speicherkarten aus den drei Kameras, auf die Klösterle gedeutet hatte, fehlten – Pfefferlein hatte sie hier auch nirgends gefunden, und auch auf dem Rechner waren keine Daten. Also hatte der Typ sie tatsächlich rausgeholt, so könnte ein Schuh draus werden. Aber warum? Weil er befürchtete, dass sie etwas erfasst hatten, das niemand sehen durfte? Ganz sicher, ja, so musste es sein! So ähnlich.

Pfefferlein lehnte sich zurück und schloss einen Moment die Augen. Wahrscheinlich war es so: Die beiden hatten sich getroffen, vielleicht ja zufällig. Hatten geplaudert, und irgendwie waren sie auf die wilden Müllentsorgungen gekommen. Dann hatte Klösterle dem Typen die Kameras gezeigt und von seinem Plan erzählt – und dem Typen war sofort klar gewesen, dass diese Kameras wegmüssen. Und Klösterle am besten auch, sicher ist sicher. Denn wer weiß, vielleicht hatte der ja schon die ersten Speicherkarten ausgelesen und etwas gesehen, was nicht gesehen werden durfte? Hatte er sich vielleicht deshalb gar mit dem IT-Fritzen getroffen? Um ihn zur Rede zu stellen?

Pfefferlein nahm den Hörer und rief in Ansbach bei der Polizei an, verlangte Kommissar Steckrüb.

Um was es denn gehe?

»Ich habe den Mörder von Johann Klösterle.«

Sie verbanden ihn mit dem Mobiltelefon von Steckrüb.

»Sie haben eine Aufzeichnung? Bei Ihnen im Büro? Sind Sie in einer Stunde noch dort?«

Na klar, er würde warten.

»Gut. Dann komme ich sofort vorbei.«

Pfefferlein legte auf, es klingelte. Schon wieder seine Frau. »Wo bleibst du denn so lange?« Sie klang genervt, durchsetzt von einem leichten Unterton des Vorwurfs.

»Es zieht sich noch, ich muss auf Kommissar Steckrüb warten, er kommt von Ansbach rüber, ist schon unterwegs. Iss du doch schon und warte nicht.«

Pfefferleins Frau legte auf. Sie konnte ja nicht wissen, dass sie die Stimme ihres Mannes nie mehr hören würde.

Pfefferlein nahm ihren Frust kaum wahr, denn ihm kam gerade eine, wie er fand, geniale und sehr gewitzte Idee: Er würde diesen Klaus Meininghausen – ja, so hieß er: Meininghausen, jetzt war es ihm wieder eingefallen! – anrufen und ihn bitten, rüberzukommen, ausnahmsweise, dringende Rechnersache, Scheißproblem, um ihm zu helfen. Dann könnte Steckrüb ihn gleich fest- und mitnehmen, und der Fall wäre erledigt.

Er rief ihn an.

Und wartete anschließend und dachte nach. Man tötet doch nicht wegen Müll, auch nicht, wenn man ihn wild irgendwo abgeladen hat und dann erwischt wird – da schoss es ihm plötzlich siedendheiß durch Kopf und Körper: die junge Frau aus Hechlingen! *Das* wäre ein Motiv! Dass Meininghausen sie am See … und dann am Parkplatz … oder dort irgendwie mit seinem Wagen … und dann die Kameras … und jetzt befürchtete er, dass vielleicht auf einer dieser Speicherkarten … Wo blieb Kommissar Steckrüb bloß! Jetzt war es Pfefferlein doch ein wenig mulmig …

•

Das Eintreffen des Kommissars erlebte er nicht mehr.

Auf der Schleife des Kranzes der Kameraden zur Beerdigung stand »Weidmanns Ruh«.

Thomas Kastura
Parzival für Anfänger

Wolframs-Eschenbach

Es war einmal ein Ort, der hieß Eschelebach, Obereschenbach oder so ähnlich, genau weiß das heute keiner mehr. Gesichert gilt nur, dass dort Eschen wuchsen, wie der Name schon sagt, eine überaus ansehnliche Baumart mit einer Wuchshöhe bis zu vierzig Metern, ausladendem Astwerk und üppiger Belaubung. Unter solch einem Schirm streckte man gerne die Glieder aus, um dem Murmeln des Baches zu lauschen und die Gedanken wie einen Kahn dahintreiben zu lassen.

Derart verfuhr auch ein Dichterling an einem wolkenlosen Frühsommertag zur Regierungszeit des Wertheimer Grafen Poppo des Zweiten. Die Sonne hatte ihm auf seinen Wanderungen über Feld und Flur zugesetzt, und so suchte er Schutz im kühlen Schatten der größten Esche weit und breit. Zur Labsal gereichte ihm eine Maß Maibock, die er einem pilgernden Mönch abgeschwatzt hatte. Und so trank er das Starkbier und war frohen Mutes. Er plante nämlich, einen Versroman zu verfassen, welchen die Welt noch nicht gesehen hatte: eine Geschichte von treuer Liebe, von echter Weiblichkeit und wahrer Männlichkeit plus jeder Menge Abenteuer und Wunder. Diese Mischung sollte doch reichen, fand der Dichterling, um ihn mit einem Schlag berühmt und steinreich zu machen. Und falls jemand an den Begriffen »Weiblichkeit« und »Männlichkeit« Anstoß nahm, würde er den Klappentext halt noch genderfluid machen, er war da flexibel.

Doch die Geschichte war noch ungeboren, und er harrte der Eingebung, wie er da so am Eschenbach fläzte und über den Helden seines künftigen Kassenschlagers nachsann. Denn mit dem *protagonistés*, wie es bei den alten Griechen hieß, stand und fiel so ein Epos, dessen war sich der Dichterling sehr wohl bewusst. Sein Held musste einer sein, dem alle Welt zu Füßen lag und dem die Herzen nur so zuflogen, keine Frage, geschickt im Umgang mit Speer und Schwert und keinen Zweikampf scheuend, von edlem Gemüt und noch edlerem Körperbau, das kam immer gut an, denn das Auge las und hörte schließlich mit. Der Rest war sekundär – na ja, nicht ganz, eine Handlung brauchte der Dichterling auch noch für sein Meisterwerk.

Während er unermüdlich vor sich hin hirnte, raschelte dann und wann das Laub über ihm. Er blickte hinauf ins Blätterdach, konnte aber nichts Gewisses erkennen. Dann war es ihm, als vernähme er ein Seufzen, gelangweilt klang es und leicht genervt. Aber erneut war nichts zu sehen im vielverzweigten Grün des Baumes.

Bald ging ihm der Maibock aus, allein die verflixte Eingebung wollte sich nicht einstellen – nur der Harndrang. Also richtete er sich auf und pisste nahebei in ein Gehölz. Und während er dem Ruf der Natur folgte, leicht schwankend und mit seiner Karrieregeilheit hadernd wie fast jeder Künstler, hörte er das Klappern mächtiger Hufe.

Wer kam da des Weges galoppiert? Wer zügelte sein Ross, gerüstet mit einem jämmerlich knarzenden, von Rostflecken bedeckten Harnisch? Wer stieg umständlich ab und setzte sich ausgerechnet unter *seine* Esche?

Ein Ritter.

Bisschen seltsamer Ritter, dachte der Dichterling, und pisste gemächlich zu Ende. Ohne Knappe und dergleichen, ganz allein unterwegs ... Und das Ross war eigentlich gar kein Ross, sondern ein schielendes Maultier, welches schon bessere Tage gesehen hatte. Am Sattel war eine hölzerne Übungslanze befestigt sowie ein Schwert mit so vielen Scharten, dass es als Säge durchging.

Der Möchtegernritter nahm seinen Helm, den Waffenrock und den Harnisch ab. Darunter trug er einen bunten Body, eine Art Narrenkleid.

Plötzlich schien alles zeitverzögert abzulaufen. Langes blondes Haar wurde ausgiebig geschüttelt, der Kopf in den Nacken gelegt, die Augen schmachtend geschlossen – der Kerl wusste sich in Szene zu setzen! Muskulöse Schultern und Oberarme zierten seinen gut gewachsenen Leib, denn er hatte Kraft und dazu Jugend mitgebracht. Man musste ihn bloß richtig anschauen: So manche Frau hatte sich schon in einem trüberen Glas gesehen als in dem Spiegel seiner strahlenden Visage. Da war einer, der alle Zeichen der Engel an sich trug, bloß keine Flügel. Für die Wahl zum »Knight of the Year« mochte dieser Schönling als aussichtsreicher Anwärter gelten.

Der Dichterling wollte sich schon zu erkennen geben. Doch er beschloss, im Gehölz unterzuschlüpfen und aus seinem Versteck heraus zu beobachten, was ihm das Schicksal hier zur Aufführung brachte.

Eine klagende Stimme war zu vernehmen. »Na endlich!«, tönte es von oben aus der Esche.

»Wer spricht da?«, fragte der blonde Adonis.

»Sucht Ihr Frauen in Eurer Nähe? Ich träume von einem anschmiegsamen Galan, der mich rettet aus meiner Not. Das könntet Ihr sein! Ruft mich an!«

»Wie lautet das Passwort?«

»Hallöchen.«

Eine Hand schob ein paar Zweige beiseite, und zum Vorschein kam ein Mädchen, auf einem Aste sitzend. Sie schlenkerte ihre schneeweißen Beine und war angetan mit einem erbärmlichen Unterhemde, das mehr preisgab, als es verhüllte. Nichts als Fetzen war es, dazwischen blitzte hell ihre Haut durch. Sie war von rechter Form, Figur, hier wurde nicht an Kunst gespart. Und ihr Mund war ganz von solcher Farbe, dass man Feuer daraus schlagen konnte.

»Guten Tag, meine Dame, schön Euch zu sehen!«, gab der Möchtegernritter zurück.

»Ihr sprecht sehr freundlich, mein Herr«, flötete das Mädchen.

»Das riet mir meine Mutter. Freundlichkeit ist die halbe Miete, sagte sie immer. Doch welcher Art ist Eure Not, dass Ihr leidet und Euch abhärmt? Wenn Ihr meine Hilfe braucht, dann soll man in mir Euern Beschützer finden.«

»Helft mir für den Anfang vom Baum herab.«

»Wenn's weiter nichts ist! Springt einfach, ich fange Euch auf!«

»Sicher?«, zierte sich das Mädchen. »Ich trau mich nicht.«

»Sicher!«, sagte der Galan in spe, und schon fiel ihm die leicht Bekleidete in die Arme. Reife Kirschen konnten nicht schneller fallen.

»Ihr seid aber stark!«

»Ich will Euch gern in allem gefällig sein.«

»Echt jetzt?« Das Mädchen kicherte albern. »Da bin ich aber gespannt!«

Es war kein langes Säumen, vielmehr hob ein stürmisches Küssen an, worin der Möchtegernritter Übung zu haben schien, denn er verfuhr durchaus anstellig und mit einer Dringlichkeit, die keinen Aufschub duldete.

Den Dichterling beschlich das Gefühl, dass dieses Paar sich nicht zum ersten Mal begegnete. Hatten sich die beiden an diesem Eschenbaume verabredet zu einem Stelldichein, um außer Sichtweite des Dorfes ungestört ihre Zweisamkeit genießen zu können? Viel sprach dafür. Leider war es nunmehr zu spät, den Schlupfwinkel im Gehölz zu verlassen, und so harrte der Dichterling zwischen jungen Buchentrieben und Korbweidenbüschen weiter aus, denn wer ein rechter Verseschmied war, dem ging nichts über gründliche Recherche. Wegen der Hitze schien heute keine alte Sau unterwegs zu sein. Seitab stand nur ein Heuschober, für den sich niemand interessierte.

Es dauerte nicht lange, und der Möchtegernritter drückte die Maid, die es gerne geschehen ließ, an sich, seine Bemühungen noch verdoppelnd. Sie setzten sich neben den Baumstamme und tauschten Liebkosungen, bei denen das Unterhemde immer mehr im Wege zu sein schien. Glut wurde durch Glut entfacht, und durch die Münder vermischten sich die Seelen.

Schließlich brauchte das Mädchen eine Atempause. »Das habt Ihr wahrlich fein gemacht, oh Held!«, sagte sie. »All Euer Wünschen ist ans Ende gelangt und in der Fülle angekommen.«

»Der Ort ist gut gewählt.«

»Schön schattig, oder?«

»Vier Regeln gab mir meine Mutter auf den Weg«, erklärte der Möchtegernritter.

»Was für Regeln denn?«

Er zählte auf. »Kein dunkles Wasser soll ich queren. Auf weise Männer hören. Alle Leute grüßen. Und möglichst viele schöne Damen küssen. Das soll mir bringen Glück und Hochgefühl.«

Da runzelte das Mädchen die Stirn. »Heißt das, ich bin nicht die Einzige, auf die Euer Trachten zielt?«

»Ich denke häufig ans Umwerben und Umarmen, so wurde mir's von der Mama empfohlen. Gar vielen Frauen geb ich Halt. Was kann ich auch dafür?«

»Heilige Einfalt!«, flüsterte der Dichterling in seinem Versteck. Die Mutter dieses Tölpels hätte ihren Sohnemann lehren sollen, dass ein Mann besser genießt und schweigt. Wer vor der Liebsten prahlt mit Eroberungen, hat nicht mehr alle Pfähle an der Palisade, das wusste doch ein jeder.

»Ihr treibt es gar zu arg!«, stieß denn die Maid erwartungsgemäß hervor und presste das luftige Unterhemd an sich, welches dadurch gänzlich verrutschte. Und sie weinte, sodass sie ihre Brüstlein begoss. Die waren wie frisch von der Drehbank, weiß und hoch und rund standen sie da, dachte der Dichterling. Mehr bildhafte Vergleiche verbot ihm die Courtoisie.

Langsam dämmerte dem Möchtegernritter sein Fauxpas. »Um Gottes willen, meine Dame, ich bitte Euch, lasst mich Euer Ritter sein! Nehmt meinen Waffenrock über Euern Leib.«

»Mein Herr, selbst wenn es ganz gewiss wäre, dass all mein Glück daran hinge, so dürfte ich's doch nicht wagen, Euern Rock auch nur anzufassen«, schluchzte sie.

»Nun, wenn es Eurer Ehre schadet, werde ich mich jetzt empfehlen.«

»Was Ihr sagt, ist sehr schön ...«, erwiderte das Mädchen rasch und bereute sichtlich seine harte Rede. »Doch reitet dahin, wo ich fern bin von Euch, wenn Ihr uns beide vom Tod erretten wollt.« Sie schlug dramatisch die Hand vor die Stirn. »Um meinen eigenen Tod wollte ich wenig klagen, ich fürchte bloß, dass es für Euch gefährlich wird.«

»Meine Dame, wenn auch ein ganzes Heer von Rittern danach gierig wäre, uns das Leben zu nehmen, so fände man mich doch bereit, für uns zu kämpfen.«

»Ihr seid ja süß.«

»Ich tu alles, was Ihr von mir wünscht, hier und überall sonst.«

»Verschwindet jetzt. Denn kommt mein Vater oder einer meiner Brüder, so kriegt Ihr deren Zorn zu spüren. Da wär es besser, auszuweichen!«

»Ha, was fürcht ich deren Zorn?«, rief da der Recke. »Meine Hand wird Euch beschützen mit meiner ganzen Kraft!«

Verstohlen blickte sich das Mädchen um, vor Scham schien es zu schwitzen. Indes, geschmeichelt fühlte es sich auch. »So viel Mut muss vergolten werden!« Sprach's und schenkte ihrem Geliebten einen Kuss, der die vorangegangenen an Willen und Kühnheit noch weit übertraf. Ihn herzlich zu nennen, wäre stark untertrieben. Und es blieb nicht bei einem. Alsbald verflochten die beiden Arme, Beine und noch einiges mehr und bezeugten einander inniglich ihre Gunst.

Der Dichterling, der schon viel erlebt hatte, staunte nicht schlecht. Dieser Kerl mit dem rostigen Harnisch hatte es faustdick hinter den Ohren! Erst stellte er sich dumm, gab den Naivling – und dann, zack, von hinten durchs Auge, wie es bei einer Tjost hieß. Das musste er sich merken für den Helden seines großen Werkes. Ein tumber Tor machte gar sehr viel her!

Schließlich löste das Mädchen die Umschlingung und sank ermattet darnieder. Ihr Unterhemd hing irgendwo im Röhricht, doch sie lächelte wie eine Frau, der das piepegal war. »Na, mein Hübscher? Wie hat Euch die Fortsetzung gefallen?«

Der Hübsche klaubte Teile der Rüstung zusammen, die ihm beim Liebeskampfe abhandengekommen waren. Sein Narrenkleid trug er noch, es hatte einen Eingriff. »Das lohne Euch Gott, meine Dame, dass Ihr so gütig zu mir seid. Doch bin ich nicht erlöst vom Traurigsein.«

»Vom Traurigsein?«, fragte sie verdutzt. »Weshalb seid Ihr denn traurig? Gerade ward Ihr noch recht fidel.«

»Ich will Euch das erklären. Mehr Weh habe ich erfahren, als ich klagen kann, und will von keinem Glück mehr wissen, ehe ich nicht den Gral gesehen habe, mag das lange dauern oder kurz. Zu diesem Ziel hin jagen mich meine Gedanken, nie mehr in meinem ganzen Leben gehe ich davon ab.«

»Der Gral? Was soll denn das sein?«

»Irdischen Segens vollster Strahl! Des Paradieses Fülle! Alles Segens Born, weltlicher Süße volles Horn! Was je von Wundern ward gesagt, viel größere Wunder hat der Gral! Werd ich ihn jemals sehen?«

»Lasst mich Euch spenden Trost stattdessen«, sagte das Mädchen. »Einmal ist keinmal, zweimal ist auch nicht viel, dreimal ist ein Kinderspiel. Vergesst den Gral noch für ein Weilchen!«

Der Dichterling in seinem Verstecke ahnte jedoch, wovon der Recke sprach. In gebildeten Kreisen war dies quasi Allgemeinwissen. Es hieß, der Gral spende Speis und Trank, allein durch seinen Anblick schütze er vor Tod und Alter. Sein Besitz versprach unendlichen Reichtum, Ländereien und Macht. Nur, was für ein Ding dieser Gral denn sei, darüber waren die Gelehrten uneins. Ob seltener Stein, Schale aus Holz oder Pokal, niemand wusste es genau. Einig war man sich bloß darin, dass der Gral das Allerheiligste der Christenheit darstellte, und dass die Suche danach als *der* Ritterzeitvertreib schlechthin galt.

Allerdings hatte die Sache einen Haken. Bedingung für die Gralssuche war nämlich: Reinheit. Daran mangelte es diesem minnefreudigen Möchtegernritter, fand der Dichterling, da gab es kein Vertun. Von außen mochte er zwar wie eine Lichtgestalt wirken, ein attraktiver Blödian. Doch schien er keine Gelegenheit für ein Schäferstündchen auszulassen. Gut, dazu gehörten immer zwei, auch die Maid war kein Kind von Traurigkeit. Aber der rostige Harnisch und all das hochgestochene Geschwätz von der Mutter und dem Gral wirkten eher wie eine Masche, Dorfschönheiten herumzukriegen. Sein Narrenkleid wies ihn als Gaukler aus. Dass so einer auszog, um das höchste aller irdischen und himmlischen Güter zu erringen, war äußerst unwahrscheinlich.

Andererseits: Clever war dieser Auftritt schon, das musste der Dichterling dem jungen Hüpfer lassen. Hatte er hier den Helden für seinen Versroman gefunden, den idealen *protagonistés*? Eine gefleckte Seele mit schwankendem Gemüt, ein bisschen weiß und schwarz zugleich, nicht unähnlich dem Federkleid der Elster? Aus solchen Typen wurden Bestseller gestrickt.

Inzwischen hatte die Maid sich erneut angeschickt, zärtlich vertraut zu sein mit ihrem Herzbuben. Der band jedoch den Harnisch fest.

»Ich muss jetzt Abschied von Euch nehmen, es jagt mich fort«, sprach er. »Seid frei von allen Pflichten gegen mich, bis ich das gewonnen habe, was mein grünes Glück jetzt dürr sein lässt.«

»Was fällt Euch ein? So dürr ist das Glück nicht, was ich zu schenken Euch vermag.«

»Ich ward Euch dienstfertig und Ihr mir eine gute Freundin. Nehmt meinen Dank auf immerdar! Indes, jetzt sollt ich scheiden.« Mit einem Pfiff rief der Möchtegernritter sein Maultier herbei, welches sich mit frischem Klee den Wanst vollgeschlagen hatte, und schwang sich auf den Rücken des folgsamen Tieres.

Dies mochte dem Mädchen gar nicht gefallen. Es sprang auf beide Beine, die Lust war tot. »Heraus damit! Ihr habt ne andere!«

»Niemals!«

»Dann ... wollt Ihr Euch nicht binden an ein einsames Landfräulein wie mich? Denkt wohl, Ihr seid was Bessres?«

»Mein einzig Sehnen gilt dem Gral!«

Da steckte auch die Maid zwei Finger in den Mund und pfiff, laut und durchdringend. Wie auf Kommando kamen da vier Ritter zum Eschenbach gesprengt. Hinter dem Heuschober schienen sie sich verborgen zu haben, doch »Ritter« war zu viel gesagt, denn die Rösser waren Ackergäule, die Rüstungen derbes Lederzeug, als Waffen schwenkten sie Sensen, Mistgabeln, Spaltäxte, Wolfseisen und Hirschfänger. Und alles andere als freundlich wirkten die finsteren, grobschlächtigen Mienen.

Rasch folgte die Entblößte dem Gebot der Scham und deckte ihre Vorzüglichkeiten mit beiden Armen. »Oh Vater, Brüder! Ihr kommt zur rechten Zeit hierhergeritten!«

»Was geht hier vor?«, fragte der Älteste der vier.

»Ohn Schuld bin ich!«, beteuerte das Mädchen. »Es kam der Narr vorbei an meinem Badeplatz, und ehe ich mich's versah, stahl er mir einen Kuss. Verletzt seht Ihr mich nun an Ruf und Ehre. Mein Unterhemd ging auch noch flöten, weiß gar nicht wie.«

»Aha, der Mann gefällt dir sehr!«

»Gern hab ich ihn, Vater, das will ich nicht verschweigen. Doch treibt er seinen Spott mit mir, erzählt Geschichten von fernen Wundern, die ihn zum Aufbruch drängen.«

»Wo will er hin so quick?«

»Den Gral sucht er angeblich.«

»Nie gehört. Du glaubst auch jeden Bockmist!« Er warf der Nackten einen Kartoffelsack zu, auf dass sie hineinschlüpfte und nicht mehr unbekleidet herumsprang wie eine Nymphe auf Abwegen.

Unterdessen hatte der Möchtegernritter sein Maultier in Position gebracht für die bevorstehende Tjost. »Guten Tag!«, sagte er artig. »Das riet mir meine Mutter.«

»Nach deiner Mutter wirst du noch krähen, wenn wir fertig sind mit dir!«, gab der Älteste zurück. »Jetzt erntest du, was du gesät an Schmach und Schande über meine Tochter.«

»Meine Herren, Ihr sucht Konfrontation, denn Ihr verweigert meinen Gruß.«

»Wir würden dich ja leben lassen, wirklich, wenn du dieser Maid deine Gattenliebe schenkst. Schwör ihr die Unterwerfung und sag ihr, dass du sie in den Bund der Ehe führst!«

»Sind das Eure Konditionen?«

»Oder du wirst erschlagen!«

»Das macht mir freilich wenig Angst.«

»Deine Entscheidung. Wohlan, wir werden dich zu dämpfen wissen!« Der Vater ließ seinen Gaul an eine Stelle traben, um einen Abstand herzustellen wie bei einem Ritterturnier. Er griff nach einem Bärenspieß, mit dem hatte er schon so manchen eitlen Fant lädiert. »Gleich wirst du wünschen, nie geboren zu sein.«

Da mischten sich die drei Brüder ein.

»Wollen wir ihm nicht zusammen die hübsche Fresse polieren?«, fragte der Erste. »Die Chancen gereichen uns zum Vorteil.«

»Lasst ihn mir!«, rief der Zweite. »Wenn ich ihn verbläut hab, weiß er nicht mehr, ob er Männlein, Weiblein oder Sängerknabe ist.«

»Und ich hau ihm die Schlöbbn nauf, dass er Haggerla schbodst«, konstatierte der Dritte im Dialekt der Region.

Der Vater gebot den Söhnen Einhalt. »Schön der Reihe nach! Keiner soll später sagen, hier wäre nicht alles redlich zugegangen. Und denkt daran: Für Eure Schwester muss am Ende dieses Tages noch etwas übrig sein zum Heiraten. Wer möchte schon ein sabberndes Gemüs zum Bräutigam?«

Murrend blieben die Brüder, wo sie waren. Und sie begannen Wetten abzuschließen, wer von ihnen dem blonden Kerl am nachdrücklichsten heimleuchten und danach im Familienkreise willkommen heißen würde.

Dem Dichterling indes däuchte dies alles ein abgekartetes Spiel. Die fraglos lebenslustige Maid brauchte wohl schleunigst einen Gemahl. Allein zu diesem Behufe hatte sie den anmutigen Vagabunden zur Esche gelockt. Und für den Fall, dass er sich sträubte und das unwiderstehliche Angebot ausschlug, hatten sich ihre Verwandten hinter dem Heuschober bereitgehalten als Eingreiftruppe mit handfesten Argumenten. Ausgetrickst, könnte man sagen. Dies war nicht weiter verwunderlich, denn seit mal wieder Kreuzzugssaison war, herrschte an Hochzeitskandidaten Mangel im Revier. Da nahm man, was nicht auf Drei den Baume hinaufkam, sogar fahrendes Volk und Akrobaten.

Der Möchtegernritter schien wohl zu ahnen, dass er in eine Falle getapptwar. Buhlerei hatte eben ihren Preis, dies war nur recht und billig. Er legte seine Übungslanze ein, die er vermutlich bei einem Schaukampf in Nuorenberc hatte mitgehen lassen. Dann war er kampfbereit und ritt sein Maultier im Galopp gegen den Widerpart.

Sie prallten aufeinander, es rumste, krachte, schepperte mit Kraft und Technik. Und völlig schulgerecht hob es den Schirmherrn der oft geküssten Maid aus seinem Sattel. Er landete gar unsanft auf der Wiese, stand nicht mehr auf. Es war, als zwitscherten Vögelein ihm fröhlich um die Stirn. Schlaf senkte sich auf das bemooste Haupt.

Dies rief sogleich die Brüder auf den Plan. Des Reitens wenig kundig, saßen sie ab und nahten dem verhassten Feind mit Mordwerkzeug.

»Hundsfott!«, schimpfte der Erste.

»Kotzenschalk!«, fiel es dem Zweiten ein.

»Orschgsicht!«, insinuierte der Dritte in seiner Mundart.

Behände sprang der Recke von seinem Zelter und zog sein Schwert, das schartige. Matt sah es aus, als sei's gebraucht erstanden vom Händler Ibei, doch jede Menge Action steckte drin! Um Bauernburschen den Hintern zu verdreschen, reichte es allemal, denn Freundlichkeit war nicht gefragt, oh nein. Hoch und nieder fuhr das Schwert mit der flachen Seite der Klinge. Es traf auf sture Schädel, feiste Bäuche, breite Hintern. Niemals hatte man größeres Geschick mit dem Stahle gesehen, als zu dieser Stunde am Eschenbach, und der Reihe nach wurden die Brüder ins Reich der Träume geschickt. Alsbald lagen sie nebeneinander wie gesalzene Heringe, und keiner machte noch einen Mucks.

Siegreich stand nun der Held und dachte, das war's dann, fertig, die Deppen schaden mir nicht mehr. Sein Blick ging zu der Maid: »Wie war ich?«, fragte er, lächelnd wie ein Pferd, welches zu viel genascht vom Honigkuchen.

»Ihr kämpft nicht schlecht«, räumte das Mädchen im Sackgewande ein. »Aber seht her! Es kommt zu Hülf mir auch noch meine Base. Kennt Ihr sie schon? Eine Jungfrau, rühmlich treu, doch ihr Benehmen: Raserei!«

Ein Muli, kastilianerhoch, kam in flotter Gangart dahergestampft. Auf seinem Rücken saß, so ganz und gar nicht damenhaft, die Base! In ihrer äußeren Erscheinung zählte sie nicht gerade zu den *beaux gens*. Apart konnt man sie nennen, die Fingernägel wuchsen wild, wie Löwenkrallen ragten sie. Doch trug sie feines Tuch, das war noch blauer als Lasur. Aus London kam gewiss ihr Pfauenhut. Und ihre Hand trug eine fiese, neunschwänzige Peitsche aus Ochsenhaut.

»Du hier?«, fragte die Maid.

»Es kam mir Kunde von einem schönen Macker. Zur Esche hast du ihn bestellt, um eine Parship einzugehen.«

»Daraus, so fürcht ich, wird nichts.«

»Häh? Du kannst doch jeden haben, mit deinem Aussehen!«

»Den nicht. Es ist eine lange Geschichte.«

»Guten Tag!«, sagte der Möchtegernritter artig.

»Selber guten Tag!«, antwortete die Base.

»Das riet mir meine Mutter. Höflich zu sein gegen alle.«

»Von fern hab ich gesehen, wie du meinen Oheim und meine Vettern plattgemacht. Respekt!«

»Da ist doch nichts dabei.«

Dies war der Punkt, an dem der Dichterling den Möchtegernritter am liebsten gewarnt hätte. Ihm schwante, was jetzt kam. Schwing auf dein Maultier dich und reite fort von hier! Reite, mein stolzer Reiter, mein Kämpfer und Streiter, reite durch Flüsse und Auen, über Berge und Wüsten, nur immer weiter ...«

»Wie heißt du, Zuckerschnäuzchen?«, fragte die Base.

»Par-zi-val«, sagte der unbedarfte Held. »Das bedeutet Durch-das-Tal – wenn Ihr des Französischen mächtig seid.«

»Mein Name ist Cundrie, man nennt mich auch *la sorcière*.«

»Die Zauberin?«

»Auch noch ein Sprachgenie! Du wirst mir immer sympathischer.«

Jetzt brach der Gaukler in ihm durch. »Was zaubert Ihr denn so? Kaninchen aus dem Hut? Verbiegt Ihr Löffel?« Er lachte auch noch zu dem Schabernack. »Bestimmt kennt Ihr das Hütchenspiel?«

Das hätte er mal lieber bleiben lassen. Dicht kam Cundrie zu ihm herangeritten. »Klugscheißen für Anfänger, wie?«

Dem festen Griff der Peitsche, der harten Ochsenhaut, dem starken Arm der Cundrie war nichts gewachsen. Damit zog sie dem Parzival eins über – voll auf die Zwölf! Und weil es noch keine Helmpflicht für Turnierreiter gab, sank der brave Recke, den Erschreckendes noch nie geschreckt, wie vom Donner gefällt darnieder.

»Der hat gesessen!«, rief die Zauberin frohgemut. Sie sprang von ihrem Muli und holte einen Kälberstrick hervor. Damit verschnürte sie ihre Beute im Handumdrehen und lud den schlaffen Körper auf einen frei gewordnen Gaul der Anverwandten.

»Was soll das werden?«, fragte da die Maid und kam eilends herbei.

»Ich hab jetzt, was mein Herz begehrt. Das Glück hat dieses Sahneschnittchen direkt zu mir geschickt.«

»Zu dir? Das fehlte noch!«

»Einwände, Base?«

»Und ob! Mein Großer hier und ich, wir haben uns gestern beim Tinderwirt getroffen und lange unterhalten. Was glaubst du wohl, warum ich so geschwollen rede? Den hab ich einzig und allein für meine Zwecke klargemacht!«

»Und jetzt gehört er mir.« Cundrie zuckte mit den Schultern. »Durch das Tal zieht er, hat er gesagt. In *meinem* Tal gibt's viel zu tun, das kann ich flüstern dir.«

»Untersteh dich!«

»Eigentlich brauch ich nur einen Knecht zum Ziegenmelken und zum Stallausmisten, den Rest schaff ich locker allein. Aber dafür ist Parzival zu schad, findest du nicht? Krone allen Menschenheils, gepriesen seist du! Ich werd ihn mir als Helden für gewisse Stunden halten.«

Das Mädchen lief rot an vor Zorn. »Träum weiter! Sobald er aufwacht, haut er ab aus deiner Hexenhütte und sucht wieder seinen Gral. Das ist mal sicher!«

»Wer ist hier die Zauberin? Du oder ich?« Mit diesen Worten zog Cundrie eine Phiole aus ihrem blauen Gewand und flößte den Inhalt ihrem Gefangenen ein. Da sie vom Fach war, half sie mit zwei Fingern nach, auf dass er auch gehorsam schluckte. »Den Liebestrunk hab ich gebraut in der Walpurgisnacht«, erklärte sie, »mit einer Wurzel von Alraunen und einer Prise Einhornabrieb. Wenn Parzival die Augen aufschlägt und mich erblickt als Erstes, fällt er sofort in meinen Bann. Dann bleibt er bei mir ewiglich.«

»Natterngezücht! Du Hagelschlag des Glückes!«

»Ich bin bewandert auf dem Gebiet der Dialektik, Geometrie und ebenso der Alchemie. Bildung hilft!« Sodann gab Cundrie ihrem neuen Leibeigenen eine tüchtige Schelle, die Tote zum Leben erweckt hätte.

Parzival, kopfüber auf dem Gaule hängend, öffnete ein Auge. »Guten Tag!«, stammelte er. »Das riet mir meine –«

»Genug!« Die Zauberin packte den Hübschen an den Haaren und bückte sich, auf dass er ihrer ansichtig wurde.

Dazwischen ging die Maid. »Gemeines Balg!«, schrie sie und rempelte zur Seite die siegessichre *sorcière*. »Schau lieber in *meine* Augen, Parzihase! Du küsstest mich einhundert Mal. Da sagte ich, halt ein! Dir muss noch eine größere Zahl von mir gegeben sein!«

Cundrie fuhr die Ellenbogen aus und rempelte zurück. »Verschwinde, Schlampe! Das ist jetzt meiner!«

»Nein, meiner! Du Winkelweib!«

»Nein, meiner, Ein-Pfennig-Jungfer!«

»Unflätige Trull!«

»Metze!«

»Waldluder!«

»Schelmin!«

Und so gerieten die beiden Damen einander in die Haare, Wort gab Widerwort, die eine schubste, die andere knuffte, ein ungestümer Streit entbrannte.

Nur mit dem Dichterling hatten die beiden Frauen nicht gerechnet. Er war aus dem Versteck gekrochen, um alles mitzukriegen, was an dem Bach gesprochen. Hier bot sich Stoff ihm für Verse sonder Zahl, für eine ganze Trilogie! Dies musste er verfolgen aus der Nähe. Und während Base rang mit Base, kratzend und beißend wie zwei verrückte Katzen, kam er herbeigeschlichen. »Wie geht es Euch?«, fragte er Parzival in Sorge um den Gesundheitszustand seiner reichen Quelle.

Der hob den Kopf. Erblickte einen Mann, den er nicht kannte. Und durch des Trunkes Macht ergriff ihn Liebeszauber. »Hallöchen!«

»Alles gut? Fühlt Ihr Euch wohl?«

»So wohl wie nie zuvor, mein Schatz! Augenstern! Gefährte! Mit güldnen Banden webst du mich ein, mein Blut strömt schon in schnellen Güssen! Ich glaub, es ist um mich geschehen!«

»Oje«, sagte der Dichterling und wusste weder ein noch

aus. »Welch Irrungen und Wirrungen hab ich da ausgelöst?«

Das hätte er sich freilich früher überlegen sollen. Die Basen ließen voneinander ab und sahen die Bescherung. Ein liebeskranker Parzival – verschossen in den ersten Dödel, der vorbeigekommen war? Dumm gelaufen das.

»Ach, du böse Welt, wie kannst du nur so tun?«, schimpfte die Maid. »Soll ich jetzt leer ausgehen? Ist das mein Lohn für meine Liebesmühn?«

Cundrie nahm's leichter: »Wie gewonnen, so zerronnen. *C'est la vie.*« Damit übergab sie dem Dichterling die Zügel des Gauls, der mit Parzival beladen. »Hier, viel Vergnügen!«

»Moment!«, sagte der Angesprochne. »Hier kann es sich nur um ein fürchterliches Missverständnis handeln!«

»Genau, du hast's erfasst.«

»Aber ... wie komm ich aus dieser Sache wieder raus? Gibt es kein Gegenmittel?«

»Gegen Cundries Tränke?«, schnaubte die Maid. »Vergiss es!«

»Vielleicht lässt die Wirkung irgendwann nach. Möglich wär's.« Die Zauberin bestieg ihren Muli und winkte zum Abschied. »Adieu!«

Das Mädchen nahm einen Gaul für sich und suchte ebenfalls das Weite. »Jammerschade ist das! Pure Verschwendung! Dass mir so was passiert!« Weg war sie in einer Staubwolke.

Der Dichterling zögerte kurz. Sollte er hier der Gelackmeierte sein?

»Ist es zu viel verlangt, wenn du mich losbindest, mein Schnuckiputz?«, fragte Parzival. »Auf Dauer hängt es sich hier unbequem.«

Nach und nach kamen der Vater und die Brüder der Maid wieder zu sich. Sie rieben sich die schmerzenden Glieder und verglichen ihre Blessuren. Fest zugelangt hatte der Möchtegernritter, an Hieben nicht gespart.

Dann bemerkten sie ihren gut verschnürten Gegner.
»Wen haben wir denn da?«, sagte der Vater.
»Wenn das nicht Blondie ist!«, meinte der erste Bruder.
»Gefügig wie ein Lämmchen«, stellte der Zweite fest.
»Ja, ist denn heut schon Weihnachten?«, fragte der Dritte.
»Guten Tag, schön, Euch wiederzusehen!«, grüßte Parzival.

Wie die Sache ausging, wollte der Dichterling gar nicht so genau wissen. Auch Helden mussten früher oder später abtreten. Auf dem Pergament würde er Parzival jedenfalls unsterblich machen. Er hatte sich dessen Maultier unter den Nagel gerissen und ritt von dannen. So schnell ließ er den Zelter rennen, dass er die Maid und auch noch Cundrie mit Leichtigkeit überholte. Im Dorfe angelangt, genehmigte er sich ein saures Radler gegen den Durst und setzte sich gleich hin, um mit seinem Epos zu beginnen. Er schrieb: »Wer Geschichten von der Liebe auf die Waage legt – so oft er sie auch wiegen mag: Freud und Leid sind bunt gewürfelt.«

Tessa Korber
Begegnung im Nebel

Igelsbachsee

Nebel lag über dem See, und alles war ein herbstfarbenes Geheimnis. Regine überquerte den verlassenen Spielplatz und schlug den Uferweg ein. Sie war die Einzige heute. Der Rentner mit dem Spaniel ließ seine Morgenrunde wohl aus. Monika und die Laufgruppe waren vermutlich schon weit voraus. Regines erster Eindruck: Es war so still.

Fern erschien ihr die lärmerfüllte Ferienwelt der Sommertage mit den Tretbooten, Eis am Stiel und den Duftwolken von Sonnencreme, die von Kindergeschrei über den Strand getrieben wurden. Fern heute sogar der Wald, im Sommer so staublichtleicht, jetzt im Herbst erdschwer und tropfend. Regine sah im Dunst nur seinen Saum: ein paar Märchenkiefern mit nassschwarzen Stämmen, aufragend zwischen kahlem Blaubeerkraut.

Nah aber, näher als sonst, rückten dafür heute all die leisen Geräusche heran. Sogar der eigene Atem wurde laut. Und wie ihre Schritte knirschten! Waren das wirklich nur ihre eigenen Füße, Größe achtunddreißig, in den Gummistiefeln? Sie hatte sich pinkfarbene mit Blumen darauf gekauft, sich selbst zur Freude. Ein paar Meter ging sie vorsichtiger, dann schritt sie wieder aus. Es war wie mit den Amseln manchmal, überlegte Regine. Da hörte man ein Rumoren im Unterholz, dass man dachte, gleich bräche ein Hirsch hindurch. Und dann war es nur dieser kleine schwarze Vogel, der mit seinem energischen Scharren nach Würmern den ganzen Lärm verursachte. Da war nur sie auf einem ihrer Spaziergänge, niemand sonst war hier. Sie war alleine, wieder einmal.

Regine versuchte zu summen, aber die Töne kühlten in der Morgenluft zu rasch aus und klangen dann falsch. Hingen in der Luft wie die Tropfen an der verwaisten Linie der Drahtseilbahn, die hier über den See ging. Jetzt, im November, ohne das vertraute Sirren, ohne die fernen Stimmen, aus denen manchmal ein Ruf herausschrillte. Heute rauschte nur der Wald.

Da, wie direkt neben ihrem Ohr: ein Plätschern im Schilf. Regte sich dort ein Tier? Wo waren eigentlich die Enten um diese Jahreszeit? Jetzt ein Knacken zwischen den Bäumen, gleich hinter dem nächsten Stamm. Sie wandte den Kopf, bemerkte aber nichts als einen angefressenen Fliegenpilz. Der Schirm leuchtete triumphierend rot in der feuchten Luft. Die unerwartete Freude darüber erleichterte sie und ließ sie erneut zügig ausschreiten. Ein hoher, zerreißender Schrei, bestimmt ein Vogel. Was rief er ihr zu? Es konnte nur etwas Trauriges gewesen sein. Regine blieb stehen. Da, wieder das Knacken.

Der Nebel, der sie eben noch gemütlich eingehüllt hatte, wurde zur kalten Wand, die sie ausschloß, während sie daraufstarrte. Nichts, gar nichts war zu erkennen, und doch verdichtete sich in Regine das Gefühl, dass sie nicht alleine war. Der Rhythmus des Atemgeräuschs in ihren Ohren wurde schneller und trieb sie an, als sie weiterging – denn natürlich brach sie ihren Spaziergang nicht ab. Das war ihre Route, ihre Zeit, ihr Igelsbachsee. Das waren ihre Momente, verdammt. Es raschelte, es raschelte eindeutig, dort oben am Hang. Eine verdammte Riesenamsel musste das sein. Regine blieb stehen. Sie spürte ihren Puls, direkt unter den Ohren, er füllte ihren Kopf und ihren Brustkorb aus. Und noch etwas spürte sie, mit unabweisbarer Sicherheit: Jemand schaute sie an. Das sagte ihr das Eiswasser, das unter ihrer Haut entlangrieselte und ihre Arme, ihre Beine in eine halb starre Masse verwandelte, die noch aufrecht stand, sich aber nicht regen konnte und stetig an Form verlor, bis sie nur noch ein Klumpen Furcht war, der jeden Moment in sich zusammensinken würde. Jemand beobachtete sie, jemand, der wollte, dass sie nicht weglief, dass sie stehen blieb, wo sie war, jemand, der sie mit seinem Willen genau dorthin bannte. Und jetzt wollte er, dass sie sich umwandte. Sie konnte seine Stimme hören: Dreh dich um, flüsterte die Stimme, dreh dich um und schau mich an.

Und Regine wandte sich um und schaute.

»Und dann?«, fragte der Polizeibeamte. Er und seine Kollegin waren den ganzen Weg aus Spalt gekommen. Der Wagen stand vor dem Haus der Wasserwacht, die ihnen für die Befragung aufgesperrt hatte. Es war kalt in dem ungeheizten Zimmer, fast kälter als draußen. Regine konnte durchs Fenster den Anlegesteg für die Tretboote sehen und weiter draußen auf dem Wasser jetzt sogar die kleine Insel mit dem einen Baum, zu der immer alle Kinder wollten. Der Nebel musste sich gelichtet haben. Sie schüttelte sich.

Der Beamte musterte die Frau mit der dunkelblauen Wetterjacke und den grellen Stiefeln. Mitte fünfzig, schätzte er. Von seinem Alter aus betrachtet die Mitte von Nirgendwo. Sie hatte eine rote Nase und rote Hände. Die Kälte. Oder zu viel Putzwasser und Kummer. Sie strahlte eine gewisse Abgeschabtheit durch das Leben aus. Er wiederholte seine Frage. Das Notizbuch lag auf dem Tisch. Sie waren beim zweiten Durchgang. Seine Kollegin draußen im Wagen sprach schon per Funk mit den Kollegen.

»Ja, da hab ich sie dann gesehen«, sagte Regine. »Die Wildsau. Also den Eber. Später hab ich dann bemerkt, dass es ein Eber war. Aber im ersten Moment nicht. Ich hab ja nur auf das Maul gestarrt.« Sie schaute zu ihm auf. »Oder sagt man da Schnauze?« Die Antwort nicht abwartend, irrte sie mit dem Blick wieder ab. Die Wand, die Plakate mit den Schaubildern zur Mund-zu-Mund-Beatmung, schon ein wenig verblichen. Gemalte Figuren, starr, lächerlich puppenhaft. Gar nicht lebensecht. Nicht wie die Hand, die das Schwein zwischen den Zähnen gehalten hatte. Die hatte kein bisschen unecht ausgesehen. Nicht einen Moment würde man sie für eine Puppenhand halten können. Erschreckend real, so stand sie Regine vor Augen: die Haut, die Blutreste, der Dreck, sogar der Lack auf den Nägeln, ein, wie es ihr gerade durch den Kopf schoss, gänzlich geschmackloses, geradezu pornografisches Rosa.

Regine seufzte.

»Was wollten Sie eigentlich dort?«

»Wie bitte?« Sie starrte ihn an. Was hätte der Grund ihres Spazierganges an den Fakten geändert?

»Ich lebe hier«, sagte sie schließlich. »Der See gehört ja nicht nur den Touristen, oder? Obwohl, ich bin auch schon mal Boot gefahren.«

»Sie waren also spazieren.« Er suchte nach einer notierbaren Erkenntnis.

Regine nickte. »Früher hatte ich den Ajax, meinen Hund. Aber der ist tot. Ich geh trotzdem jeden Tag.«

Der Beamte fasste ihre Aussage noch einmal zusammen. »Sie sagen also, dass Ihnen beim Spazierengehen zwischen Enderndorf und Stockheim auf dem Uferweg des Igelsbachsees eine Wildsau über den Weg lief, die eine menschliche Hand im Maul hielt.«

Regine, die es nicht über sich brachte, das laut zu bestätigen, nickte. »Etwa auf der Höhe des Barfußpfades«, ergänzte sie, »also Luftlinie.« Sie schaute ihm beim Schreiben zu. Was würde als Nächstes passieren? Würden sie mit einem Suchtrupp kommen, Männer mit Stangen, die in geordneten Ketten in den Wald vorrückten und einander Kommandos zuriefen? Sie hatte so etwas im Fernsehen schon gesehen. Würden sie alles absperren, bis sie den Körper gefunden hätten, irgendwo dort im Forst, zwischen Wurzeln und Moos, halb verscharrt? Auch das hatte sie schon gesehen. Im Fernseher konnte man alles, auch das Unvorstellbare, anschauen, und es machte einem gar nichts aus. Im Gegenteil. Sie liebte ihre Abendkrimis, besonders die Wiederholungen in den Dritten. Das Bild der Hand aber ...

Vielleicht könnte sie nach Hause gehen, sich einen Kaffee machen, mit einem Schluck Hochprozentigem darin, dann Zeit vergehen lassen, und am Ende wüsste sie gar nicht mehr, ob sie die Sache wirklich erlebt hatte, oder ob sie sich nur an eine Filmszene erinnerte? Vielleicht wäre das möglich? Ein wenig begann ja schon jetzt alles zu verschwimmen, wurde unschärfer, vager, blieb aber aufregend.

Die Polizistin kam herein, halb versunken in ihrer voluminösen Dienstjacke mit all den Taschen und Haken. Sie war eine zierliche Person, straffe Haltung, wippender Pferdeschwanz. Ihre Nägel waren kurz, notierte Regine in Gedanken. Unlackiert. Aber oberhalb des Handgelenks war die Spitze eines Tattoos erkennbar, das sich vermutlich den Unterarm hinaufrankte. Junge Frauen hatten heute ja fast alle so etwas. Dass das bei der Polizei erlaubt war. Mit Mühe unterdrückte Regine die Frage. Das Pferdeschwanz-Mädchen schaute sie ohnehin so seltsam an. Regine presste die Lippen zusammen. Diese Arroganz der Jungen. Was

machte sie so stolz auf etwas, das kein Verdienst war und so vergänglich? Schau mich nur an, dachte Regine, so wirst du auch mal aussehen. Aber die Jungen schienen zu denken, dass ihnen das nie passieren könnte. Dass Regine irgendeinen Fehler gemacht haben musste, wenn es so weit mit ihr gekommen war, dass sie jetzt faltig war, farb- und reizlos. Regine überlegte, was sie in ihrem Leben falsch gemacht haben könnte. Vieles fiel ihr ein. Lieber nicht daran denken.
»Was werden Sie jetzt unternehmen?«

Niemand antwortete ihr. Die junge Beamtin tuschelte ihrem ebenfalls jungen Kollegen etwas ins Ohr. Regine fand es unter ihrer Würde, auch nur zu versuchen, ihnen zuzuhören.

Sehr aufrecht saß sie da und schaute weiter aus dem Fenster. Jemand stand jetzt unten am Ufer und warf Äste in den See. Ein eisbärenfarbener Labrador stürzte ihnen in das dunkle Wasser hinterher. Ein Liebespaar in gleichfarbenen Daunenjacken ging eng umschlungen vorbei. Regine sah das lange Haar der Frau über ihren Rücken wippen. Sollte man die beiden nicht davon abhalten, das Waldgebiet zu betreten, in dem bald eine Leiche gefunden werden musste? In dem – sie schauderte, als sie den Gedanken zum ersten Mal in voller Klarheit dachte – vielleicht ein irrer Mörder umging? Denn die Hand mit den rosafarbenen Nägeln war wohl kaum beim Pilzesuchen verloren gegangen. Das konnten sie ihr nicht erzählen. Eine Selbstmörderin, das wäre noch denkbar, eine, die in den Wald gegangen und Gift genommen hatte. Andererseits: Lackierte man sich dafür die Nägel? In einem Farbton, der nur so schrie nach Sex? Wenn das kein Lustmord war! Regine rutschte zunehmend unruhig auf ihrem Stuhl hin und her. Sie wartete darauf, dass die beiden Polizeibeamten endlich mit ihrer Beratung fertig wurden. Es gab so viele Gedanken, die sie ihnen mitteilen musste.

Jetzt kam der Polizist wieder auf sie zu. Er blieb vor ihr stehen. Sein Gesicht war seltsam reglos. »Ich mache mir Sorgen«, sagte er. Er machte sich Sorgen. Das erklärte sie möglicherweise, diese Miene ohne Mitgefühl. »Ich mache mir Sorgen«, fuhr er fort, »weil so etwas im letzten Jahr schon einmal passiert ist. Erinnern Sie sich vielleicht? Sie sind doch von hier, spazieren hier nach eigener Aussage jeden Tag herum.«

Regine schüttelte den Kopf und öffnete den Mund. »Noch eine Leiche?«, fragte sie.

Er machte eine vage Geste. Sie durften einem ja nie etwas sagen.

»Ein Serienmörder?«, wagte Regine sich vor.

»Ich lese Ihnen einmal etwas vor.« Er zog seinen Stuhl näher zu ihr. Der Pferdeschwanz wollte etwas einwenden, aber der junge Mann brachte sie zum Schweigen und winkte sie hinaus. Regine sah es mit Genugtuung. »Mich interessiert, ob Ihnen daran etwas vertraut vorkommt«, sagte er.

Regine lächelte und neigte sich vor, um kein Wort zu verpassen. Er interessierte sich für ihre Meinung. Er vertraute ihr. Sie wollte ihn auf keinen Fall enttäuschen.

»Es war allerdings im Sommer«, leitete er seinen Vortrag ein. Dann senkte er den Kopf über das Papier, das seine Kollegin ihm mitgebracht hatte. »Am 17. Juli des vorigen Jahres sagte eine Zeugin ...« Er schaute noch einmal auf.

Sie erwiderte seinen Blick und legte sich den Finger auf die Lippen: keine Namen, das war klar. Sie würde nicht fragen.

»... sagte eine Zeugin aus, sie habe gegen sechzehn Uhr ein Tretboot ausgeliehen und sei in Richtung der kleinen Insel neben dem Damm gefahren. Nach ungefähr zehn Minuten habe sie das Gefühl gehabt, etwas habe sich in der Mechanik des Bootes verfangen und blockiere die Schaufeln. Sie kam nicht mehr vorwärts, daher trat sie ein paarmal rückwärts. Außerdem stand sie auf, um auf allen Seiten nachzusehen, ob sie etwas hinter oder neben dem Boot im Wasser erkennen könnte. Das dauerte eine Weile, da sie nicht sportlich war und nach eigener Aussage nicht schwimmen konnte. Sie entdeckte nichts, was die Blockade erklärte, aber glücklicherweise schwamm ein langer Ast in der Nähe, den sie sich angelte, um damit Stakversuche zu unternehmen. Zudem befand sie sich nahe am Ufer, fand Grund, und es gelang ihr, das Boot auf diese Weise vorwärts in Richtung Ufer zu bringen. Dadurch, also durch das vorige Rückwärtstreten, durch die Gewichtsverlagerung im Boot oder aus einem anderen Grund, kam hinter dem Boot an die Oberfläche, was die Blockade verursacht hatte.« Wieder schaute er auf.

»Was?«, flüsterte Regine.

»Ein Kopf. Ein Frauenkopf mit langen Haaren.«

»Die hatten sich im Tretmechanismus verfangen.«

»Aber jetzt waren sie frei geworden«, bestätigte der Beamte. »Das sich langsam bewegende Boot zog den Kopf noch ein paar Momente an den Haaren hinter sich her. Die Zeugin hatte Gelegenheit zu bemerken, dass es sehr lange, blonde und schöne Haare gewesen waren, nur durch die Algen im Wasser schon ein wenig grün verfärbt. Als die Zeugin mit dem Ast nach ihm stoßen wollte, versank der Kopf.« Jetzt war er mit seinem Vortrag am Ende. Intensiv schaute er sie an.

In andächtigem Schrecken erwiderte Regine seinen Blick. Er hatte recht, die Ähnlichkeit zwischen den Vorfällen war mehr als auffällig. Es war alles ganz offensichtlich. »Zwei

Frauen«, sagte sie noch immer flüsternd. In Gedanken fügte sie hinzu: beide jung und schön. »Und beide zerlegt.« Da gab es doch nur eine mögliche Schlussfolgerung für die Polizei: Das war eine Serie. Eine Serie von Frauenmorden am Igelsbachsee. Was für eine Sensation!

Regine leckte sich über die trockenen Lippen, nicht sicher, ob sie es wagen durfte, das auszusprechen. Durfte sie es andererseits wagen zu schweigen? Sie konnten doch unmöglich länger hier hocken und nur diskutieren. Es mussten Dinge in die Wege geleitet werden, viele Dinge. In ihrem Kopf rotierten die Bilder nur so.

Und was war mit dem Pärchen von eben? Die Frau mit dem wippenden Haar? Sicher, der Mann und sie hatten gleichfarbene Jacken getragen. Aber das konnte auch ein Trick sein, nicht wahr? Genauso gut konnte er nicht der langjährige, liebende Gefährte sein, der er zu sein schien. Und was war mit dem Labrador-Mann? Sie kannte ihn nicht, obwohl sie eigentlich alle Leute mit Hund hier kannte. Was, wenn das Tier nur sein Vorwand war, sich hier herumzutreiben? Sie warf einen schnellen, verstohlenen Blick nach draußen: das Paar, der Mann, der Hund – alle fort, als hätte es sie nie gegeben. Sie war völlig vertieft in ihre Überlegungen. So sehr, dass sie zusammenzuckte, als plötzlich die Stimme des Polizisten wieder erklang.

»Fällt Ihnen daran sonst noch irgendetwas auf?« Sein Gesicht war noch immer völlig leer, aber seine Stimme klang tief, weich und freundlich. Es war die Stimme, die Regine wieder beruhigte, die sie bewog, in sich zu gehen, in ihrem Gedächtnis zu graben. Sie wäre ihm so gerne entgegengekommen, ihm behilflich gewesen. Er würde sie danach ganz anders anschauen, sie respektieren, mit ihr reden. Im Fernsehen hatte sie das schon gehabt.

»Nein«, sagte sie und schüttelte den Kopf. Nicht ohne Bedauern. Gleich würde er aufstehen und gehen. Doch er blieb.

Er hielt das Blatt hoch, von dem er abgelesen hatte, hielt es dicht vor ihr Gesicht. Als sollte sie darauf ein Detail erkennen. Regine wedelte es weg. Meinte er etwa, sie wäre kurzsichtig?

»Das da«, sagte er und tippte auf eine Stelle unten auf dem Blatt, »ist Ihre Unterschrift. Sie sind die Zeugin, die letztes Jahr hier einen Frauenkopf gefunden haben wollte.« Er machte eine Pause. »Und dieses Jahr ist es eine Hand.«

Regine wandte den Kopf ab und weigerte sich, ihm oder dem Blatt noch einen weiteren Blick zu gönnen. »Lächerlich.«

Jetzt lehnte er sich auf seinem Stuhl zurück. Sie konnte das Knirschen der Lehne hören, das Rascheln seiner Kleidung. Sein tiefes Ausatmen.

»Lächerlich oder vielmehr bedenklich finde ich, dass Sie behaupten, sich an nichts davon erinnern zu können.« Seine Stimme war noch immer so tief und warm und angenehm. Sie war einfach von Natur aus so, dachte Regine, eine Falle, eine verdammte Falle, wie eine klebrige Spinnwebe im Wald. »So einen Frauenkopf unter dem Boot, den vergisst man doch nicht.«

Klebrig und süß, dachte Regine wütend. Dabei erzählte er Unfug, den reinen Wahnsinn. Was wollte er damit erreichen? Was wollte er von ihr? Sie vorführen? Sich über sie lustig machen? Versuchte er am Ende, ihr etwas anzuhängen? Sie hörte seinen Atem jetzt fast so laut wie wenige Stunden zuvor im Wald ihren eigenen. Sie musste raus, raus aus diesem Zimmer, weg von diesem Mann. Ob das Pferdeschwanz-Mädchen die Tür bewachte?

»Und wollen Sie wirklich vergessen haben, wie Sie nachher stundenlang von der Polizei befragt wurden? Die Kollegen haben Sie sogar während der Suche noch dabehalten. Die Wasserpolizei war mit drei Booten draußen. Wir hatten Taucher da, Unterwasserkameras. Sie fuhren noch mal mit zwei Beamten im Tretboot raus und sollten sagen, auf welcher Uferhöhe Sie Ihren Fund gemacht hatten. Sie waren sehr hilfreich damals, sehr geduldig. Viele Stunden lang redeten Sie mit den Kollegen.« Er legte ihr eine Hand aufs Knie.

Regine fegte sie sofort weg.

Er lachte leise, aber nicht fröhlich. »Sie reden gerne mit der Polizei, oder?«

Wie kam er darauf? Es war ihr unangenehm, so unangenehm wie noch nie etwas in ihrem Leben. Schon wieder hatte er sich vorgeneigt. Sie roch seinen Atem, Kaugummi, eine süßliche, widerliche, unmännliche Sorte. »Gehen Sie weg.«

Er blieb. »Die ganze Aktion damals hat Zehntausende Euro gekostet. Und wissen Sie, was dabei herauskam?« Er verriet es ihr: »Nichts. In einem Gewässer dieser Größe ohne nennenswerte Strömung und mit geringer Tiefe haben wir nach Tagen intensivster Suche und unter Einsatz modernster Technik nicht das Geringste gefunden. Was nur eines bedeuten kann, nämlich dass da auch nichts war. Nie gewesen ist.«

»Aber ...«, wollte Regine nun doch einwenden. Technik! Aufwand! Er sollte doch nicht so angeben. Das hörte man alle Tage, dass sie eine Leiche nicht fanden, und Jahre später dann stolperte zehn Meter weiter ein Fußgänger über die Knochen, die kaum verscharrt gewesen waren. Wie war es denn mit dieser Peggy gewesen, neulich erst. Nein, Technik war kein Wundermittel. Das wusste jeder, der Zeitung las oder Fernseh schaute. Und was den Aufwand anging: Sie hatten es doch genossen!

Daran erinnerte sie sich nun wirklich gut. An die Horden von jungen Männern in Uniform, Wasserwacht, Feuerwehr, Polizei, die sich mit Begeisterung in die Arbeit gestürzt hatten. Endlich mal ein Abenteuer, endlich die Chance, ihre ganze schöne Ausrüstung auszuprobieren. Und dabei vielleicht noch zum Helden zu werden. Das war doch mal etwas anderes als gelangweilten, nölenden Kindern beim Baden zuzusehen und Rentner zu ermahnen, ihre Hunde nicht auf den Sand scheißen zu lassen. Nein, das war kein Aufwand gewesen, es war der große Tag dieser kräftigen, sportlichen jungen Männer, die den Oberkörper frei machten, mit ihrem Gerät hantierten, sich Wasserflaschen über den Kopf gossen, einander lautstark Witze zuriefen und der Zuschauermenge hinter den Absperrbändern zeigten, was sie konnten. Dankbar waren sie ihr gewesen, dankbar! Sie war kurz davor, dem Polizisten das an den Kopf zu werfen. Aber sein kalter Blick hielt sie ab.

»Und deshalb werde ich jetzt Folgendes tun«, sagte er, nahm das Protokoll, das er von ihrer Aussage gemacht hatte, und riss es langsam in der Mitte durch.

Regine sagte gar nichts mehr, sie konnte nicht; sie schnappte nach Luft.

»Raus«, sagte er, »bevor ich es mir anders überlege.«

»Aber ...«

»Glauben Sie im Ernst, ich bin so blöd, noch mal eine sündteure Suche in die Wege zu leiten?« Er lachte trocken, dann schüttelte er den Kopf. »Wenn ich Sie noch einmal erwische, sind Sie dran wegen Vortäuschung einer Straftat.«

»Sie machen einen Fehler, Officer.«

Jetzt lag doch eine Emotion in seinem Blick: Es war Verachtung. »›Officer‹ sagt man in amerikanischen Krimis. Und jetzt raus, gehen Sie heim, fernsehen.« Als Regine nicht sofort aufstand, fügte er hinzu: »Oder soll ich Sie mitnehmen und einem Psychiater vorführen?«

Die Frage war keiner Antwort wert. Regine nahm, was von ihrer Würde übrig war, und verließ den Raum mit steifen, pinkgestiefelten Schritten. Es gelang ihr zum Glück ohne größeres Stolpern. Draußen wurde es noch einen Moment schwierig, weil sie der Pferdeschwänzigen begegnete. Ganz schaffte Regine es nicht, den Blicken der jungen Frau auszuweichen. Dass sie darin eher Mitleid erkannte als irgendetwas anderes, machte es nicht besser.

»Alles okay?«, fragte die Junge und streckte die Hand aus. Regine blickte starr auf das Tattoofragment, auf nichts sonst. Sie versuchte, über nichts anderes nachzudenken als darüber, wie es wohl vollständig aussehen mochte. So gelangen ihr die ersten Schritte weg vom Haus, hin zum Ufer, nach links an dem geschlossenen Imbiss vorbei, auf die Straße zum Hafen. Zu ihrer Erleichterung lief das alles ohne Sturz ab. Niemand sagte mehr etwas, niemand fragte, keiner kam ihr nach. Keine Sirenen und keine Krankenwagen.

Der glatte, gerade Asphalt tat gut. Viel hatten sie hier asphaltiert in den letzten Jahren. Ihre Gummistiefel hinterließen schmutzige Abdrücke auf der sauberen neuen Oberfläche. Regine schaute nach unten. Dann bemerkte sie es und bückte sich. Sauber und schwungvoll aus der Hüfte, bis zu den Zehenspitzen hinunter. Mit zwei Fingern bekam sie das Haar zu fassen, das sich im Profil ihres Gummistiefels verfangen hatte, und hob es hoch. Sogar gegen das graue Herbstlicht konnte sie erkennen, dass es lang und blond war. Sie musste es übersehen haben, aber nicht nur sie. Keiner der beiden Polizisten hatte es bemerkt.

Regine kicherte, als sie es zusammenwickelte und in ihre Tasche steckte. Um Spuren musste sie sich keine Gedanken machen. Niemand verdächtigte sie. Nicht einmal, wenn sie zur Polizei marschierte und laut verkündete, dass sie eine Leiche mit eigenen Augen gesehen hatte, glaubte man ihr. Zugegeben, sie schwindelte auch ein wenig dabei. Es hatte nie einen Schädel unter dem Tretboot gegeben und nie ein Wildschwein mit einer Hand im Maul. Aber möglich gewesen wäre es. Denn da draußen im Wald lagen jetzt schon zwei tote Frauen, jung, blond und arrogant. Eine mit Tattoo war noch nicht dabei. Aber das könnte sich ändern. Heimgehen und Fernsehen. Jetzt war es Regine, die lachen musste. Wie die Jugend einen doch unterschätzte. Sie hatte wahrhaftig Besseres zu tun. Sie hatte eine Mission. Das triumphierend leuchtende Blau der Eisschilder beflügelte ihren Schritt. Über ihr schrie eine Möwe, schrie triumphierend in die Weite des blauer werdenden Himmels. Flog weiter. Und weiter.

Auf ihrem Heimweg summte Regine wieder. Und jetzt, in dem silbrig sich erwärmenden Mittagslicht, behielten die Töne ihre Temperatur. Alles passte.

Friederike Schmöe
Mord auf dem Rothsee

Rothsee

2019

»Sie hören: Mord auf dem Rothsee. Ein Podcast von Jazz Bredow in Kooperation mit dem *Bayerischen Rundfunk*. Sprecherin: Jazz Bredow. Special Guest: Barny Langhammer.« Der Jingle wird lauter. Jazz spielt die Atmo ein. Kinderlachen, Wasserspritzen, Segel, die im Wind flattern. Ein Sommertag am See eben.

Ihr Gast schluckt, der Schweiß perlt an seinen Schläfen herab. Sein linkes Bein wippt.

»Erzählen Sie, Barny. Sie haben heute vor einem Jahr am Rothsee eine Beobachtung gemacht, die Sie zutiefst verstört hat.«

Barny räuspert sich. Seine Haut ist fahl. Sein Shirt völlig durchgeschwitzt. »Das ist richtig.«

»Der Mord an der neunundzwanzigjährigen Sara Feldmann auf dem Rothsee ist nun genau ein Jahr her. Die Wogen haben sich geglättet, doch niemand weiß, was damals wirklich geschehen ist. Die Polizei konnte Saras Mörder noch nicht ermitteln. Die Öffentlichkeit ist schockiert, immerhin wurde die junge Frau am helllichten Tag erschossen. Während Familien mit Kindern am Rothsee badeten, paddelten …« Jazz hofft, dass Barny endlich einsteigt. Sonst muss sie die lahmen Phasen später rausschneiden.

»Ich wohne in Allersberg. Bin seit zwanzig Jahren Taxifahrer. Hatte eine Fahrt zum Flughafen nach Nürnberg, und von dort habe ich jemanden nach Hilpoltstein chauffiert.«

»Daher sind Sie am Rothsee entlang nach Hause gefahren.«

»Das stimmt.« Er muss sich fassen, nimmt die Brille ab, wischt mit dem Shirtzipfel drüber. »Gegen halb neun am Abend. Da ist es ja schon finster jetzt im September. Dabei war der Tag so schön. Ein richtiger Spätsommertag, obwohl offiziell Herbst ist. Superwetter am Wochenende, also machen die Leute Ausflüge, gehen schwimmen, rudern, tun all die Dinge, die dann einige Monate flachfallen.«

Jazz klaubt ihren Handschmeichler aus der Schale auf dem Tisch. Lässt Barny Langhammer einfach reden.

»Ich fahre also an der Hauptsperre entlang. Rechts und links Wald. Da steht sie. Ganz schwarz angezogen. Verschmilzt fast mit der Dunkelheit. Hält die Hand raus.«

»Eine junge Frau?« Der Handschmeichler gleitet über Jazz' Handfläche.

»Vielleicht Mitte zwanzig, schlank. Sie hatte eine Kapuze übergestülpt. Ich hielt, sie stieg ein. Als ich fragte, wohin es gehen soll, streckte sie nur die Hand aus, als wollte sie, dass ich einfach geradeaus fahre. Das habe ich dann auch gemacht.«

»Wie wirkte die Frau auf Sie?«

»Unter Schock. Voller Angst. Sie roch sogar nach Angst.«

»Haben Sie miteinander geplaudert?«

»Ich habe ein paar Bemerkungen gemacht, wie ungewöhnlich warm der Tag war. Sie ging nicht drauf ein.«

»Sie war dunkel gekleidet, sagen Sie. An so einem schönen Tag, wo man doch eigentlich noch seine Sommersachen tragen würde, nicht wahr?«

»Na ja, am Abend kühlt es schnell ab. Sie schob die Hände zwischen die Oberschenkel. Als wäre ihr kalt.«

»Hatte sie Gepäck dabei?«

»Nein, nichts. Das kam mir komisch vor. Wer geht denn ohne Schwimmzeug oder Proviant an den See? Sie hatte nicht mal eine Handtasche. Nur in der Kapuzenjacke, da steckte wohl etwas, danach tastete sie ständig. Schließlich sagte sie: ›Fahren Sie mich zum Allersberger Bahnhof.‹ Allerdings wollte sie nicht direkt vor dem Stationseingang aussteigen.«

»Das wunderte Sie?«

»Genau. Warum stieg sie nicht dort aus, wo es hell war, zweihundert Meter weiter, von wo sie schnell zum Bahnsteig gekommen wäre, sondern an einer dunklen Ecke, wo keiner mehr parkte? Sie legte zwanzig Euro auf das Armaturenbrett. Ich gab ihr raus. Sagte noch: ›Warten Sie, ich mache Ihnen die Tür auf.‹ Das mache ich immer. Damit kein Fahrgast die Tür aufreißt und einen Fußgänger oder Radfahrer plattmacht. Aber als ich ihre Tür öffnete, war niemand mehr im Auto.«

»Sie ist einfach verschwunden?«

»Wie in Luft aufgelöst«, flüstert Barny.

»Das muss ein furchtbarer Schreck für Sie gewesen sein«, hilft Jazz aus.

»Ich war nicht mehr ich selbst. Mein Herz hämmerte wie verrückt, und dann ... fand ich mich auf dem Seitenstreifen liegend wieder. Hörte nur den Sound der Autobahn. Niemanden sonst, keinen Menschen.«

»Ihr Taxi?«

»Stand noch am selben Fleck. Die Beifahrertür war offen.«

»Der Geldschein lag noch da?« Ein Schauder rinnt über Jazz' Rückgrat.

»Und das Wechselgeld. Aber kein Mensch weit und breit. Ich dachte, vielleicht ist sie noch auf dem Bahnsteig. Ich suchte sie. Vergeblich.«

»Die Gegend dort ist wirklich einsam. Es gibt nur die Gleise, kein richtiges Bahnhofsgebäude.«

»Ich dachte, sie kann nicht weg sein. So schnell kommt doch kein Zug! Ich war bestimmt nicht lange bewusstlos gewesen.« Seine Stimme wird heiser, als wäre es ihm peinlich. »Ich habe mich in mein Taxi gesetzt und die Polizei angerufen. Ihr Geruch hing noch im Wagen. Etwas Metallisches.«

Jazz senkt die Stimme. Jetzt kommt der Moment: »Der Geruch nach Blut?«

Barny Langhammer starrt unglücklich auf das Mikrofon. »Vielleicht sollte ich nicht darüber reden. Diese Frau muss nichts mit dem Mord zu tun haben.«

»Nein. Muss sie nicht.« Jazz atmet tief durch. Lässt den Handschmeichler von Finger zu Finger rollen. »Aber sie *könnte* die Mörderin sein.«

»Ja«, flüstert er. Er ist aschfahl.

»Danke, Barny.« Jazz streckt den Rücken. »Sie hörten: Mord auf dem Rothsee. Ein Podcast von Jazz Bredow in Kooperation mit dem *Bayerischen Rundfunk*. Sprecherin: Jazz Bredow. Special Guest: Barny Langhammer. Bitte besuchen Sie unsere Facebookgruppe. Hier finden Sie eine Zusammenfassung aller Ereignisse des 30. September 2018, als Sara Feldmann am Rothsee ermordet wurde. Auch das Bildmaterial, das die Kriminalpolizei inzwischen freigegeben hat, haben wir dort eingestellt. Bitte kommentieren Sie, wenn Sie vielleicht an jenem Tag vor Ort waren oder Leute kennen, die etwas gesehen haben. Womöglich hielten Sie sich auch an jenem Abend am Regionalbahnhof Allersberg auf? Wir hoffen, endlich Hinweise auf Saras Mörder zu bekommen.«

Der Jingle klingt aus.

2018
Die Sonne blitzt auf dem See. Irgendwo lärmen Wasservögel. Der Wald wirft Schatten.

Caren zeigt ins Dickicht. »Schau mal, die Pilze. Jetzt schon!«

Sara zuckt die Schultern. »Es ist Herbst, meine Liebe.«

Auf dem Uferweg kommen ihnen Leute entgegen. Schleppen Schwimmenten, Flossen, Schlauchboote. Man lächelt sich an.

»Sieh einer an«, sagt Sara. »Die Franken sind plötzlich freundlich und zugänglich. Sieht aus, als hätten sie ihre Liebe zum Leben entdeckt.«

»Lästermaul.« Gutmütig boxt Caren ihrer Schwester die Schulter. »Bei schönem Wetter sind alle fröhlich. Wo mieten wir eigentlich das Boot?«

»Am Ende der Hauptsperre.« Sara zeigt unbestimmt nach vorn.

»Verdammt, ist das weit.«

Sara grinst. »Wir sind einander zwar so ähnlich, dass man uns für Zwillinge hält, in Sachen Sport allerdings könnten wir nicht unterschiedlicher sein.«

»Im Schwimmen überbietet mich keiner.«

»Aber mit der Fortbewegung an Land hast du es nicht so.« Saras Gesicht verdüstert sich. »Wir sind nicht zum Vergnügen hier. Denk dran!«

Mit einem Mal scheint Caren der helle Tag nicht mehr ganz so sommerlich. Es riecht feucht im Wald. Ein rotes Aufblitzen am Wegesrand lenkt ihren Blick auf einen Fliegenpilz. Rasch wendet sie den Blick ab. Ehrensache, dass sie Sara begleitet, wenngleich sie nicht so genau weiß, worum es geht. Nur, dass es ernst ist. Verdammt ernst.

»Um wie viel Uhr sollen wir …«, beginnt sie.

»Pssst.« Sara schreitet nun flott aus. »Ich möchte nicht, dass irgendwer was mitbekommt.«

»Es ist doch niemand hier!«

Sara schweigt. Der Weg führt aus dem Wald heraus.

»Ist das ein Kunstwerk da am Ufer?«, fragt Caren. »Sieht aus wie ein Elefant.«

»Mag sein.«

»Selfie?« Caren hebt ihr Handy hoch.

»Okay.« Spornstreichs marschiert Sara auf die Metallskulptur zu, die aus der Ferne viel mehr einem Elefanten ähnelt als jetzt, da sie davorstehen.

Caren ist heiß in den schwarzen Leggings. Der Nebel heute Morgen hat sie veranlasst, sich wärmer anzuziehen als nötig. Zu dumm. Sie knipst. Zwei Schwestern, beide blond, strahlendes Lachen im Doppelpack. Dahinter der See, das gegenüberliegende Ufer weit entfernt, aber schon bunt getupft vom nahen Herbst. Auch die sanft abfallenden Wiesen glänzen gelb. Winterraps? Irgendwie geraten die Jahreszeiten durcheinander.

»Wie heißt er noch mal?«

»Mike Radek. Lass uns gehen. Unser Boot wartet.«

Die Strecke zieht sich. Caren schwitzt. Aus dem Rucksack nimmt sie eine Flasche Wasser. Je näher sie dem Strand mit seinem Bootsverleih, der Segelschule, dem Kiosk und der Caféterrasse am südwestlichen Ende der Hauptsperre kommen, desto mehr wuselt es. Kinder, Hunde, Alte, Mittelalte, Lustige, Stille. Eilige und Faulpelze. Leute in Wanderklamotten, andere im Bikini. Ende September mischt sich alles, denkt Caren. Der See ist flach wie ein Spiegel. Das Wasser ganz klar.

Gleich bei der Segelschule zieht eine andere Metallskulptur Neugierige an. Ein Fahrrad mit Flügeln. »Engel auf zwei

Rädern«, murmelt Caren, doch Sara hört sie nicht mehr. Sie verhandelt gerade mit dem Bootsverleiher. Winkt ungeduldig.

Sie ist nervös.

2018

Mike Radek ergattert einen Parkplatz weitab vom Schuss. Die sechshundertfünfzig Parkplätze nahe des Seezentrums Heuberg reichen an Sonnentagen einfach nicht. Kein Wunder bei den vielen Booten, die hier liegen. Weit über zweihundert, und deren Eigentümer reisen auch nicht gerade mit den kleinsten Autos an. Er muss grinsen. Selbstkritik, alter Junge, ist kein schlechter Zug. Schließlich fährt er selbst einen SUV, damit er seinen Katamaran von A nach B transportieren kann. Dabei segelt er eigentlich nur auf dem Rothsee, es sei denn, er schafft es diesen Herbst noch zum Gardasee. Das wäre ideal, ein Traum. Falls diese Sache jetzt gut läuft. Falls dabei das rauskommt, was er sich erhofft.

Vielleicht lädt er Wilfried nach Italien ein. Sein Kumpel kann sich manches nicht mehr so leisten wie früher. Deshalb nimmt Mike ihn meist mit zum Segeln. Nur heute, da passt es einfach nicht.

Wie jedes Mal, wenn er an den Rothsee kommt, spürt er die Vorfreude auf ein paar Stunden auf dem Wasser. Nur dass es heute anders laufen soll. Er ist nicht allein zum Vergnügen hier. Ein großes Risiko geht er wohl nicht ein, aber er muss natürlich mit allem rechnen. Die Welt steht Kopf, jedes Jahr wird ihm das klarer.

Ein Paar in einem Landrover donnert auf den Parkplatz und kommt kurz vor Mike zum Stehen, der gerade seinen Rucksack schultert und sich auf den Weg macht.

»Noch ganz dicht?«, murmelt Mike, während er den Fahrer genervt ansieht und eine Handbewegung macht, als wollte er sich an die Stirn tippen. Dann lässt er die Hand sinken. Nur nicht auffallen heute. Besser, niemand erinnert sich an ihn. Rasch setzt er die Sonnenbrille auf.

Man weiß nie.

2019

»Sie hören: Mord auf dem Rothsee. Ein Podcast von Jazz Bredow in Kooperation mit dem *Bayerischen Rundfunk*. Sprecherin: Jazz Bredow.« Jazz geht ein paar Schritte, hält das Mikro vor sich. Stadtatmo. Leute reden, lachen, schlendern, sitzen in den Cafés. Es ist ein kühler Tag, doch mit einer Decke über den Knien lässt es sich aushalten.

»Heute befinde ich mich auf den Spuren der ermordeten Sara Feldmann in Erlangen. Sie wohnte gleich beim Theater um die Ecke. Mitten im bunten Treiben. Ich nehme an, dass Sara eine fröhliche, dem Leben zugewandte Frau war, die nicht viel mit Abgeschiedenheit anzufangen wusste.« Jazz drückt auf die Klingel im Erdgeschoss. Eine runde Mittfünfzigerin öffnet.

»Ach, da sind Sie ja!« Die Frau lächelt freundlich. Zu Jeans und einem weiten Pulli trägt sie rote Boots. Die Haare sind raspelkurz.

»Ich bin Jazz Bredow, wir hatten telefoniert.«

»Katja Riemert. Kommen Sie doch rein.«

Jazz wird das Begrüßungsgeplänkel nachher als Hintergrund unterlegen.

»Kaffee? Tee?«

»Gern einen Kaffee.«

»Schöner Tag, was? Nur die Sonne wärmt nicht mehr so.«

»Katja, Sie sind Sara Feldmanns Vermieterin gewesen?«

Katja Riemert klappert mit Geschirr, man hört das Blubbern der Kaffeemaschine. Schöne Atmo.

»Ja, das stimmt. Sie wohnte im ersten Stock. Wir kamen gut miteinander aus. Dramatisch, das alles. Als die Polizei bei mir läutete – mein Gott! Ich stand völlig neben mir. Die sagten, Sara ist tot. Erschossen. Fragten mir Löcher in den Bauch. Ich konnte gar nicht mehr logisch denken.«

»Wann haben Sie Sara das letzte Mal gesehen?«

»Ihre Schwester holte sie ab. An diesem unglückseligen 30. September.«

»Haben Sie da noch mit den beiden gesprochen?«

»Ja, ich goss draußen meine Blumen auf der Fensterbank. Die beiden spazierten vorbei. Sie wollten an den Rothsee. Noch einen Tag an der Sonne genießen.« Katja serviert den Kaffee. »Milch? Zucker?«

»Ich trinke ihn schwarz, danke. Kam Ihnen an Sara irgendwas anders vor als sonst?«

»Na ja ... ich hatte den Eindruck, es war ihr nicht so nach einem Plausch. Normalerweise haben wir ein Weilchen geratscht, wenn wir einander über den Weg liefen.«

»Wirkte sie bedrückt?«

»Nein, eher ... abwesend.«

»Die Wohnung ist wieder vermietet?«

»Natürlich. Nach einer guten Woche hat mir die Polizei grünes Licht zum Ausräumen gegeben. Es gab keine Verwandten, die beiden Schwestern waren Waisen, und Caren war wie vom Erdboden verschluckt! Von Freunden, Ehemännern keine Spur. Eigenartig. Zwei so hübsche junge Frauen. Kann mir bis heute keinen Reim darauf machen.« Sie senkt die Stimme. »Wo steckt denn Caren? Sie ist dem Mörder doch entkommen, oder? Hat noch die Polizei gerufen, und dann war sie plötzlich weg?«

»Das ist wirklich ein Rätsel. Zumal man eine Menge Geld braucht, um abzutauchen. Wenn man eine Kreditkarte benutzt, hinterlässt man eine Spur, und schon ist man auf dem Radar.«

»Sie hat doch nichts Unrechtes getan?« Mit besorgtem Ausdruck rührt Katja in ihrer Tasse. »Frau Bredow! Wissen Sie was? Ich hatte das Gefühl, Sara noch einmal gesehen zu haben.« Sie lacht verlegen. »Selbstverständlich hat mir da mein Kopf einen Streich gespielt, aber ... es war zwei Wochen nach dem Mord, die Polizei hatte mir ein, zwei Tage vorher die Erlaubnis gegeben, die Wohnung leerzuräumen, aber ich wollte warten. Konnte ja sein, dass Caren doch noch aufkreuzte. Und dann ...«

»Ja?«

»Sah ich Sara auf der anderen Straßenseite. Sie trug eine Sonnenbrille und einen Hut. Aber sie war es. Ich rannte zur Tür, raus aus dem Haus, wollte sie ansprechen, da war sie weg.«

»Es ist doch nur zu verständlich, dass Sie ...«

»Ich war durcheinander. Damals war ich überzeugt: Ich habe Sara gesehen. Jetzt, ein Jahr später, traue ich meinem Gedächtnis nicht über den Weg. Sie kann es definitiv nicht gewesen sein. Da war sie ja schon tot.« Katjas Stimme bricht.

»Vielleicht war es Caren?«

»Nein, meine Liebe. Die beiden Schwestern sahen sich zwar enorm ähnlich, aber ich kannte Sara gut. Sie wohnte schon mehr als zwei Jahre bei mir.«

2018

Sie rudern auf den See hinaus. Ein Schwan gleitet wenige Meter von ihnen entfernt durch das spiegelnde Blau. Je weiter sie sich vom Strand entfernen, desto stiller wird es.

Die wenigen Leute, die noch baden, bleiben nahe am Ufer. Caren legt sich in die Riemen. Die Anstrengung tut ihr gut. Alles, was mit Wasser zu tun hat, ist ihre Welt. Hier auf der Hauptsperre weht ein kühler Wind. Ihr ist nicht mehr heiß, dennoch hat sie Leggings und Kapuzenjacke abgelegt und in den wasserdichten Packsack zu Handy und Geld gesteckt, den sie immer im Rucksack dabeihat, wenn sie an den See fährt. Darunter hat sie ihren Bikini an. Auch Sara hat sich ausgezogen und sitzt jetzt im Badeanzug da. Sie ist gleichmäßig gebräunt, die typische Sportskanone. Eine schöne junge Frau. Caren fragt sich, warum sie wohl keinen Freund hat.

Sara lässt eine Hand ins Wasser hängen. »Ganz schön frisch«, sagt sie. Ihre Augen sind suchend auf den See gerichtet. »Es ist ein Katamaran mit einem gelben Wimpel. Halte du auch Ausschau, okay?«

»Worum geht es eigentlich, Sara?«

»Ich habe was rausgefunden.« Hier auf dem Wasser, garantiert ohne Ohren rundum, scheint sie sich zu entspannen.

Caren hält den Atem an. Der Ruderrhythmus wird holprig, das Boot dreht sich leicht.

»Was denn?«

»Etwas, das einigen Leuten in unserer schönen Gegend den Schweiß auf die Stirn treiben wird.«

Caren blinzelt gegen die Sonne. »Leuten?«

»Einflussreichen Leuten.«

»Du meinst Politiker?«

»Und Unternehmensvorstände. Mittelfranken ist nicht das Paradies.«

Caren blickt über den Kopf ihrer Schwester hinweg. Sie haben inzwischen fast die Mitte der Hauptsperre erreicht.

Von hier aus wirkt das bunte Treiben am Strand wie eine lässige Skizze, die sich ein Künstler als Gedächtnisstütze gezeichnet hat. Nirgends ein Katamaran mit gelbem Wimpel.

»Was meinst du damit?« Eine Wolke schwebt vor die Sonne. Sofort wird Caren kalt.

»Besser, wenn du nicht zu viel weißt.« Sara greift nach der Hüfttasche. »Pass auf. Ich gebe dir jetzt was. Wenn der Journalist kommt, reichst du es ihm rüber. Ja?«

»Was hast du denn vor? Eine Übergabe? Hier, mitten auf dem See? Was wird das, Sara?«

Sara entnimmt der Tasche ein Plastiktütchen. Genervt wuchtet Caren die Ruder auf die Bootsränder und greift danach. Was sie fühlt, ist viereckig, ganz leicht und – winzig. »Was ist das?«

»Die Daten für eine Geschichte, die einige aus ihren bequemen Chefsesseln katapultieren wird.« Sara blinzelt. »Zieh weiter, Wolke, wir wollen Sonne.«

Wie auf Kommando gibt die Wolke die Sonne frei.

»Man sieht schon den Vorsperrendamm.« Sara kramt ihre Sonnenbrille aus der Hüfttasche. »Verrückt, wie flach die Landschaft hier ist, oder? Ich hoffe immer auf ein paar Berge am Horizont. Aber nichts.«

»Doch, dort hinten …«, fängt Caren an, die nach Südosten schaut und glaubt, graue Konturen im Dunst zu erkennen. Doch da schießt ein Katamaran heran.

Sara sieht ihn auch. Rasch greift Caren nach den Riemen. Das Plastiktütchen stört sie, sie steckt es in den Packsack zu ihren Klamotten.

»Mike?«, ruft Sara dem Mann zu, der das Ruder hält. Er trägt eine Sonnenbrille und einen Hut. Sein Gesicht liegt im Schatten.

Gelber Wimpel, stimmt, denkt Caren, als sie bemerkt, dass ihre Schwester unter der Sonnenbräune blass wird. »Was ist los?«, flüstert sie.

Der Katamaran ist nun fast bei ihnen. Das Zischen der Kufen auf der Wasseroberfläche wird laut. Caren dreht das Ruderboot und kramt in dem Packsack nach dem Tütchen.

Der Mann hebt den Kopf. Er greift hinter sich. Der Schrei einer Gans ist zu hören, ganz nah. Ein Fisch springt ein paar Meter neben dem Ruderboot aus dem Wasser und platscht zurück in den See.

»Caren.« Saras Stimme ist heiser.

»Was denn?« Caren wühlt im Packsack. Sie findet nicht, was sie sucht.

»Bring uns weg hier!« Saras Stimme ist kaum zu hören. »Los!«

Dann ein seltsames Geräusch. Als würde etwas platzen.

2018

Das Paar hat den Landrover geparkt und sich auf den Weg zu den Booten gemacht. Zwei Wege führen zum Seezentrum, der eine ein bisschen weiter westlich, der östlichere durch den Wald.

»Heute parken alle wie die Verrückten. Nicht normal«, brummt er kopfschüttelnd.

»Wir stehen auch grenzwertig. Findest du nicht?« Sie foppt ihn gern.

»Ach, komm schon.« Er steuert den Waldweg an, der direkt zu den Landliegeplätzen führt.

Sie freut sich auf den Tag. Das Wetter soll kommende Woche schlechter werden. Heute brennt die Sonne herunter, als wäre es Juli. Sie ist froh um Hut und Sonnenbrille. Nächste Saison werden sie einen Wasserliegeplatz bekommen. Das Leben verläuft in ruhigen Bahnen. Sie ist zufrieden. Könnte nicht besser sein. Vom Spielplatz tönt Kindergeschrei herüber. Irgendwo kläfft ein Hund. So ein kleiner, knuddeliger. So einer ließe sich mit aufs Boot nehmen, denkt sie.

Der Hund kläfft ziemlich aufgeregt. Dann vielleicht lieber doch kein Hund. Sie reagiert empfindlich auf Lärm. Und was, wenn er während des Törns pinkeln muss? Sie lächelt in sich hinein. Am Wegesrand wachsen schon wieder Pilze, manche zermalmt von rücksichtslosen Parkplatzsuchern, andere in voller Größe. Vielleicht sammelt sie nachher ein paar.

Schon kommt das Dach des Restaurants in Sicht.

»Was ...«, hört sie ihn stammeln.

Sie schließt rasch zu ihm auf, er ist ein gutes Stück voraus. »Ja?«, fragt sie.

»Da ... da liegt einer! Na da, im Gebüsch!«

»Mein Gott.« Ihr bleibt die Luft weg.

Im Unterholz liegt ein Mann. Keine fünf Meter von einem VW-Bus mit Lenkradschloss. Als ob jemand diese alte Karre klauen würde.

»Hallo?«, hörte sie ihren Mann rufen. »Hallo, hören Sie mich? Sind Sie okay?«

»Das ist doch der Mann vom Parkplatz eben«, flüstert sie.

»Verdammt.« Er bahnt sich einen Weg ins Dickicht.

Sie hat so ein Gefühl, dass das keine gute Idee ist. Die Sonnenbrille sitzt verdreht auf der Stirn des Mannes. Sie sieht das Blut. Das schwarze Loch auf ...

»Komm da weg!«, schreit sie. Ihre Stimme überschlägt sich. Sie fängt an zu zittern. »Komm da weg!«

2018

Sie taucht.

Sie zerrt den Packsack hinter sich her. Er ist ihre Lebensversicherung. Um sie herum ist alles trüb und grün. Irgendetwas berührt ihr Bein. Vor Schreck lässt sie zu viel Luft aus den Lungen. Ihr Kopf will platzen. Sie muss atmen, jetzt.

Dass ihre Schwester tot ist, daran besteht kein Zweifel. Und sie wird es auch gleich sein. Sobald sie auftaucht. Er wird sie nicht leben lassen. Ihre Chance sind die vielen anderen Menschen auf dem See. Allzu lang kann er dort oben nicht kreuzen. Nicht mit einer Waffe in der Hand. Sie dreht den Kopf, erwartet, den Schatten des Katamarans über sich zu sehen. Doch das Wasser ist zu trüb. Was, wenn sie auftaucht und er direkt neben ihr ist? Über ihr?

Ihr Körper trifft die Entscheidung, stößt hoch, an die Oberfläche, sie ringt nach Luft, saugt sich die Lungen voll, keucht.

Ihr Kopf befindet sich zwischen den Kufen des Katamarans. Der Schatten über ihr, das ist der Killer.

2019

Das alles darf nicht umsonst gewesen sein. Der Blick in den Spiegel – ein einziges Entsetzen. Sie kann es nicht verantworten. Lang genug hatte sie Zeit, nachzudenken, was werden soll. Sie hat sich vorbereitet.

Als der Podcast online ging, erschrak sie zunächst zu Tode. Mittlerweile hat sie sich dazu durchgerungen, aktiv zu werden: Sie kann ihr Leben retten und ihre Mission doch noch zu Ende bringen. Sie greift nach der Tasche. Im vergangenen Jahr hat sie sich angewöhnt, mit wenig auszukommen. Sorgfältig hat sie alles vorbereitet.

Sie nimmt den Bus nach Bratislava. Von dort das Schiff nach Wien. Anschließend braucht sie nur noch in einen Zug zu steigen.

2019
»Sie hören: Mord auf dem Rothsee. Ein Podcast von Jazz Bredow in Kooperation mit dem *Bayerischen Rundfunk*. Sprecherin: Jazz Bredow. Special Guests: Jennifer und Lukas Reuther.« Jazz stupst den Regler mit dem Zeigefinger nach vorn. Ihre Gäste sitzen wie unter Strom auf ihren Stühlen. Auf der vorderen Kante, sprungbereit. Als müssten sie binnen Kurzem die Flucht vor irgendetwas ergreifen. Jazz nickt ihnen aufmunternd zu, währenddessen plätschert die Atmo.

»Jennifer, Sie und Ihr Mann Lukas haben Mike Radeks Leiche gefunden. Was war das für ein Tag für Sie?«

Jennifer holt tief Atem. »Also, es war der perfekte Tag. Und wurde der schwärzeste meines Lebens. Ich meine, ich hatte zuvor noch nie einen Toten gesehen. Dieser Mann war uns am Parkplatz entgegengekommen. Wir hatten sogar Blickkontakt.«

»Sie sahen ihn also kurz vorher noch lebend?«

»Genau.« Jennifer blickt auf ihre frisch mit Nailtattoos ausgestatteten Finger. »Stimmt doch, Lukas?«

Ihr Mann brummt einsilbig. Beim Vorgespräch hat er noch aufgetrumpft. Jazz hofft, dass diese Episode ein bisschen mehr Schmackes bekommt. Ein Zwist zwischen dem Paar wäre natürlich ideal. Irgendetwas, worin die beiden nicht einer Meinung sind.

»Am Waldrand, gleich beim Seezentrum Heuberg, da lag er«, erinnert sich Jennifer.

»Ich bin sofort hin. Er hatte ein Loch in der Stirn und einen verdutzten Ausdruck auf dem Gesicht«, unterbricht

Lukas Reuther. »Die Polizei sagte später, er wäre von vorn erschossen worden. Vermutlich rief ihn jemand, er drehte sich um und – bäng.«

»Haben Sie auf Ihrem Weg vom Parkplatz zum See irgendwas bemerkt?«

»Nichts.« Lukas starrt wie hypnotisiert auf das Mikrofon vor ihm. »Gar nichts.«

»Wir waren in Gedanken ganz woanders«, mischt sich Jennifer ein. »Dieser Tag sollte unser letzter Tag am See werden. Da ist immer so ein Abschiedsschmerz dabei. Wissen Sie? Ende September scheint der nächste Sommer unendlich weit.«

»Seltsam, nicht?«, wagt Jazz sich vor. »Dass Sara Feldmann von einem Katamaran aus erschossen wurde.«

Jennifer nickt düster. »Der Mörder hat den Katamaran wohl von einem Wasserliegeplatz gestohlen. Das muss man sich mal vorstellen.« Sie spitzt die Lippen. »Seit diesem Jahr haben wir auch einen Wasserliegeplatz für unseren Katamaran. Wir haben lange darauf gewartet. Jetzt denke ich manchmal, was, wenn jemand unseren klaut und damit ... wer weiß was tut?«

»Lukas, Sie sind Pressesprecher bei Soliantech. Dem Unternehmen, bei dem auch Sara Feldmann, die ermordete junge Frau, arbeitete. Kannten Sie sie?«

Lukas schwitzt. »Nein, ich kannte sie nicht. Wir haben über zehntausend Mitarbeiter allein an dem Standort, an dem ich beschäftigt bin.«

»Sie arbeitete für die interne Störungshotline.«

Der Schweiß durchtränkt sein Polo. Eins mit einem Krokodil drauf. »Korrekt. Ich musste eine Pressemeldung rausgeben und ein internes Schreiben verfassen. Die Kollegen in Sara Feldmanns Abteilung waren natürlich schockiert.«

»Die Polizei hat Saras Kollegen befragt, um sich ein Bild zu machen. Glauben Sie, dass ihre Ermordung mit ihrem Job zu tun hatte?«

»Mit ihrem Job?« Verblüfft sieht Lukas zwischen Jazz und seiner Frau hin und her. »Ich habe angenommen, es war ein privates Motiv. Ein Freund, dem sie den Laufpass gegeben hat oder so.«

»Dazu war der Killer zu professionell, meinen Sie nicht?«

»Also ...«

»Klar, Lukas«, mischt sich Jennifer ein. »Ein eifersüchtiger Haudrauf mit einer Knarre samt Schalldämpfer? Und denk an den Journalisten ...«

»Die Kripo hat selbst angenommen, es könnte ein Beziehungsdrama sein«, wiegelt er ab. »Vielleicht hatte dieser Mike Radek eine Beziehung zu Sara, und ihr Ex ...«

»Die beiden hatten keine Beziehung.« Jazz schüttelt entschlossen den Kopf. »Keiner von Saras Freunden wusste von einem Freund oder Geliebten. Die Eifersuchtsthese war schnell vom Tisch.«

»Aber Radek und die Feldmann hatten doch Kontakt!«

Es gefällt ihm eindeutig nicht, von zwei Frauen in die Zange genommen zu werden, denkt Jazz.

»Sie haben genau drei Mal telefoniert. Ein bisschen wenig, wenn man erste Bande knüpft, finden Sie nicht? Mike Radek war Journalist. Könnte es sein, dass er ein berufliches Treffen mit Sara Feldmann plante und jemand das unterband?«

»Woher soll ich das wissen?« Lukas schnaubt. »Aber da war doch noch eine zweite Frau. Die Schwester. Stand in allen Zeitungen. Und die ist abgetaucht. Oder?«

»Wie es aussieht, ja.« Jazz wirft einen Blick auf ihre Notizen. »Ihr Unternehmen, Lukas, kommt seit anderthalb

Jahren nicht aus den Schlagzeilen. Die Rede ist von Korruption, Hinterzimmerpolitik. Schmiergelder sollen geflossen sein.«

»Alles, was es zu diesem Thema zu sagen gibt, können Sie in den offiziellen Stellungnahmen im Internet nachlesen.« Er verschränkt die Arme.

»In einer Ihrer Presseerklärungen schreiben Sie, Lukas, Soliantech würde bestreiten, dass Sara Feldmann in ihrer Position etwas über die Umtriebe gewusst haben könnte. Aber sie war Informatikerin. Bei technischen Problemen loggte sie sich regelmäßig von ihrem Schreibtisch aus in die Rechner der betroffenen Mitarbeiter ein. Sie hatte Mittel und Möglichkeiten, um an Daten heranzukommen. Damit wäre sie die ideale Whistleblowerin.«

»Das will ich nicht bestreiten. Doch was auch immer die Hotlinemitarbeiter tun, wird protokolliert. Die internen Dokumentationen wurden überprüft. Es gab keine Auffälligkeiten.« Geräuschvoll schiebt Lukas Reuther seinen Stuhl zurück. »Ich denke, damit haben wir's.«

»Jennifer, Lukas, vielen Dank für Ihr Kommen!« Jazz betätigt den Regler.

»Sie hörten: Mord auf dem Rothsee. Ein Podcast von Jazz Bredow in Kooperation mit dem *Bayerischen Rundfunk*. Sprecherin: Jazz Bredow. Bitte besuchen Sie unsere Facebookgruppe, wo Sie eine Zusammenfassung aller Ereignisse des 30. September 2018 finden, als Sara Feldmann mitten auf dem Rothsee in ihrem Ruderboot erschossen wurde. Bitte kommentieren Sie, wenn Sie vielleicht an jenem Tag vor Ort waren oder Leute kennen, die etwas gesehen haben – oder wenn Sie etwas über den Journalisten Mike Radek wissen.«

2018

Erneut taucht sie unter, schwimmt mit kräftigen Zügen. Sie muss in Landnähe kommen, dorthin, wo Menschen sind, denn dort wird er sie nicht so leicht umbringen können. Sie betet. Überleben. Das ist die nächste Aufgabe.

Etwas ist schiefgegangen. Der Mann kann nicht Mike Radek sein. Wer dann? Und wo ist Radek?

Sie macht nun gleichmäßigere Schwimmbewegungen. Vor ihren Augen wechseln die Farben. Vom trüben Grün ins Rötliche. Sie braucht Luft, zwingt sich jedoch, noch einen Schwimmzug zu machen. Und noch einen. Sie konzentriert sich auf ihre Beinarbeit. Dann schießt sie an die Oberfläche. Sie hat ein gutes Stück zwischen sich und den Mann auf dem Katamaran gebracht. Er hockt auf seinem weißen Schiff und blickt in ihre Richtung. Natürlich ahnt er, dass sie versuchen wird, das belebte Ufer zu erreichen. Nicht weit entfernt schaukelt das Ruderboot, in dem sie eben noch mit ihrer Schwester saß. Ein Körper kauert bewegungslos auf der Ruderbank. Sie taucht unter.

Schwimmt. Taucht auf. Ringt nach Luft. Der Katamaran ist nun weiter weg. Sie hat den Eindruck, er steuere das andere Ufer an. Sie taucht. Schwimmt. Kräftige Beinstöße. Der Packsack will ihren Fingern entgleiten. Sie umklammert ihn fester.

Taucht auf. Der Strand mit all den bunten Menschen ist nun schon nah. Man hört ihre Rufe, das Lachen und Kreischen. Ein ganz normaler Spätsommertag für all diese Leute.

Nur nicht für sie.

Als sie aus dem Wasser steigt, achtet niemand auf sie. Sie ist erschöpft, hält den Packsack unter dem Arm fest. Ihr zittern die Knie.

Langsam geht sie über den Strand, bis sie eine Bank findet, auf der sie sich niederlässt. Der Schock hält sie funktionsfähig. Sie fühlt nichts, öffnet einfach den Packsack und ruft die Polizei.

»Hier spricht Caren Feldmann. Meine Schwester wurde eben erschossen.«

2019

»Sie hören: Mord auf dem Rothsee. Ein Podcast von Jazz Bredow in Kooperation mit dem *Bayerischen Rundfunk*. Sprecherin: Jazz Bredow. Special Guest: Wilfried Seliger.«

Aus den Augenwinkeln beobachtet Jazz den Journalisten, der auf dem Gästestuhl sitzt, zurückgelehnt, ganz Herr der Lage. Ein Schrank von einem Mann. Wasserspritzen, Plätschern, Kindergelächter, die Atmo verklingt. Diesmal fühlt sich Jazz gar nicht wohl in ihrer Haut. Lukas Reuther hat im Sender Rabatz gemacht, nachdem der letzte Podcast auf Sendung war. Ihm missfällt die Vehemenz, mit der die Leute in der Facebookgruppe auf die Vorwürfe gegen Soliantech aufspringen. Zweifelt die Professionalität des Podcasts an und hinterfragt, warum die Polizei so bereitwillig Material herausgegeben hat und den Podcast unterstützt.

Darauf gibt es nur eine Antwort: Die Kripo steht vor dem Nichts. Keinerlei Fortschritte seit einem Jahr. Und Reuthers Vorgesetzte machen Druck. In Zeiten wie diesen sind große Unternehmen schnell im Fadenkreuz der Wutbürger.

»Wilfried, Sie sind Journalist wie auch Mike Radek, Ihr ermordeter Kollege.«

»Das ist richtig. Wir waren nicht nur Kollegen, sondern auch Freunde. Verbrachten auch mal einen freien Tag am Rothsee.«

»Wo dann Ihr Freund und Kollege erschossen wurde.«

»Ganz unglaublich. Ich rätsele seit einem Jahr. Es kann nur eine Erklärung geben.«

»Und die wäre?«

»Die beiden Morde gehören zusammen. Der an Sara Feldmann und der an Mike. Eine konzertierte Aktion. Beide wurden kurz hintereinander erschossen. Jemand hat die Reißleine gezogen.«

»Führen Sie Ihre Meinung dazu bitte genauer aus.«

»Mike war mit Sara Feldmann verabredet. Das bestätigte die Schwester der Toten gegenüber der Polizei, ehe sie verschwand. Auf dem Weg zu dieser Verabredung wurde Mike ermordet.«

»Mit derselben Waffe wie Sara.«

»Und unter Garantie von demselben Mann. Erst hat er Mike ausgeschaltet, dann Mikes Katamaran gestohlen und sich auf den Weg zu dem Treffpunkt gemacht, um das zweite Mal zuzuschlagen.« Wilfried Seliger lehnt sich zurück. Sein dichtes braunes Haar, der Bart und die Trauer, die sich in seinen Augen spiegelt, geben ihm etwas Düsteres.

»Wie konnte der Täter wissen, an welcher Stelle der Katamaran liegt?«

»Es gibt Lagepläne.«

Jazz senkt die Stimme. »Warum wollten sich Mike und Sara auf dem Wasser treffen? Warum nicht im Café? Das Seezentrum Heuberg ist das größte am Rothsee, man hätte x Möglichkeiten gehabt, um sich unauffällig zusammenzusetzen.«

»Es hätte Zeugen gegeben. Allein aus dem Unternehmen Soliantech halten dreißig Mitarbeiter ein Boot in Heuberg.«

Jazz nagt an ihrer Unterlippe. »Glauben Sie, die beiden wollten in der Mitte des Sees ein Gespräch führen? Von Boot zu Boot? Garantiert ohne Zeugen?«

Wilfried räuspert sich. »Ich habe tausendmal die gleichen Fragen gewälzt, das können Sie mir glauben. Es gibt für mich nur eine schlüssige Antwort: Es ging um eine Übergabe.«

»Wovon?«

»Einer Sache, die Soliantech betrifft.«

»Hatte Mike Ihnen gegenüber etwas angedeutet?«

»Er recherchierte über die Vorwürfe gegen Soliantech. Korruption war sein Thema.«

»Plante er, daraus eine Story zu machen? Steckte er schon mittendrin?«

Wilfried beugt sich vor. »Denken Sie nach: Mike riecht Lunte, was die Machenschaften bei Soliantech angeht. Arrangiert ein Treffen in Abgeschiedenheit mit einer Mitarbeiterin derselben Firma. Was sagt uns das?«

»Im letzten Podcast kam der Gedanke auf, Sara könnte eine Whistleblowerin gewesen sein.«

Wilfried fährt sich mit seinen Pranken durch das Haar. »Möglich.«

»Haben Sie Zugang zu Mikes beruflichen Unterlagen?«

»Ich hatte seinen Wohnungsschlüssel. Die Polizei hat mich hinzugezogen. Wir haben nichts gefunden.«

»Wie kann das sein?«

»Da kann es allerlei Gründe geben. Sehen Sie, ich bin auch vorsichtig, meine ersten Notizen zu einem investigativen Fall auf einem Computer zu hinterlegen. Ich schreibe mit der Hand in ein Notizbuch. Mike hielt es genauso.«

»Ihr Freund und Kollege wollte sich mit einer Hinweisgeberin treffen. Was dafür spricht, dass er schon länger am Thema dran war.«

»Richtig. Darum nehme ich an, dass jemand diese Notizen vernichtete. Als Mike starb, hatte er seinen Wohnungsschlüssel sicher bei sich, dieser wurde aber bei seiner Leiche nicht sichergestellt. Der Mörder kann mit Leichtigkeit die Wohnung betreten und entsprechende Unterlagen entwendet haben. Zeitlich hatte er einen Vorsprung.« Wilfried zuckt die Schultern. »Hat der Mörder noch Dokumente von Sara bekommen, bevor er sie erschoss? Das ist doch die Frage. Heutzutage kann man enorme Datenmengen auf einem USB-Stick oder einer Mikrospeicherkarte sammeln und mit einem Händedruck übergeben.«

»Sie meinen, der Mörder hat sich als Mike Radek ausgegeben, um einen Stick in Empfang zu nehmen? Und daraufhin seine Waffe gezogen und Sara erschossen?«

»Möglich wär's.«

»Ich schätze«, widerspricht Jazz, »Sara war nicht so naiv, dass sie nicht über Mike Radek recherchierte und wusste, wie er aussah.«

»Wenn sie rechtzeitig merkte, dass etwas nicht stimmte, übergab sie die Daten vielleicht nicht. Womöglich schwimmt der Stick noch im Rothsee. Noch eine andere Sache: Warum nahm Sara ihre Schwester mit zu dem Treffen? Mir sagt das«, betont Wilfried selbstgefällig, »dass Sara keine Angst vor dem Treffen hatte und auch nicht annahm, dass es schiefgehen könnte. Denn sicher hätte sie ihre Schwester nicht in Gefahr bringen wollen.«

Jazz hebt die Hand. »Nur damit wir unsere Zuhörer nicht abhängen – Sara Feldmanns Schwester ist seit jenem Tag verschwunden.«

»Richtig. Sie rettete sich ans Ufer, rief die Polizei, gab alles zu Protokoll. Die Beamten wollten sie nach Hause bringen, boten ihr sogar Schutz an. Sie lehnte das ab.«

»Haben Sie mit Caren Feldmann gesprochen?«

Wilfried lacht auf. »Ich würde ja gern.«

»Warum ist sie abgetaucht? Was glauben Sie?«

»Sie hat Angst, die Nächste zu sein, die eine Kugel abbekommt.«

»Der Killer wollte verhindern, dass Sara Informationen übergab. Falls sie eine Hinweisgeberin ist. Nicht wahr?«

»Ansonsten wird kein Schuh draus«, antwortet Wilfried brummig.

»Ob Caren jetzt die Informationen besitzt?«

Wilfried stutzt.

Jazz nutzt die Pause, um gleich weiterzumachen: »Ansonsten ergibt es doch keinen Sinn. Sie flüchtet, um nicht auch zum Opfer zu werden. Weil sie etwas weiß, das sie nicht wissen darf. Oder weil sie etwas besitzt, das ihr nicht gehört.«

Wilfried zuckt betont lässig die Achseln. »Es könnte natürlich allerhand andere Gründe geben. Sie hat Angst, sie ist psychisch überfordert ... Dieser Taxifahrer, der hat Caren Feldmann offenbar in seinem Wagen gehabt. Eine traumatisierte junge Frau, die einen Weg suchte, zu verschwinden. Immerhin war sie gerade einem Mörder entkommen.«

»Barny Langhammer gibt an, sie hätte sich einfach in Luft aufgelöst.«

»Daran glaube ich nicht. Vielleicht hat die Wärme an jenem Tag dem Mann nicht gutgetan, oder er leidet an einem Herzproblem. So erkläre ich mir jedenfalls die kurze Bewusstlosigkeit.«

»Während der Caren entwischte.« Jazz leckt sich über die Lippen. Mit einem Mal fühlen sie sich trocken und spröde an. »Und das, liebe Hörerinnen und Hörer, wird die nächste große Frage sein, die wir in diesem Podcast zu beantworten haben. Wo ist Caren Feldmann?« Sie stupst den Regler an.

»Sie hörten: Mord auf dem Rothsee. Ein Podcast von Jazz Bredow in Kooperation mit dem *Bayerischen Rundfunk*. Sprecherin: Jazz Bredow. Bitte melden Sie sich bei uns, sollten sie Caren Feldmann, die Schwester der ermordeten Sara Feldmann, gekannt haben oder ihr seit dem Mord begegnet sein.«

2019

Der Herbst hat den See schon im Griff. Sie geht die Hauptsperre entlang. Wasservögel lärmen, goldene Blätter treiben auf der grauen Oberfläche. Der Himmel ist von Schleierwolken überzogen. Am jenseitigen Ufer leuchtet gelber Winterraps. Ein Fisch schnellt aus dem Wasser und fällt mit einem Platschen zurück.

Entweder bezahlt sie jetzt mit ihrem Leben, das sie ein Jahr so gut behütet hat – oder alles löst sich auf, und sie kann wieder die sein, die sie vorher war.

Sie überquert die Brücke zur Hasenbrucker Insel. Der frühere Rother Ortsteil Hasenbruck liegt inzwischen seit mehr als zwanzig Jahren auf dem Grund des Sees. Sie schaudert.

Er sitzt ganz locker auf der Bank, mit Blick auf das Westufer. »Sie sind gekommen.«

Sie lächelt. »Ja.«

»Dann habe ich das Treffen eigentlich Jazz Bredow zu verdanken?«

»Mag sein.« Sie stellt ihre Tasche ab.

2019

»Sie hören: Mord auf dem Rothsee. Ein Podcast von Jazz Bredow in Kooperation mit dem *Bayerischen Rundfunk*. Sprecherin: Jazz Bredow.«

Jazz kann es noch kaum fassen, wer ihr gegenübersitzt. Die Schwestern sehen sich wirklich ähnlich.

»Heute, liebe Hörerinnen und Hörer, haben wir wieder einen Special Guest. Es ist – Caren Feldmann. Die Schwester der ermordeten Sara Feldmann.« Sie schaltet eine Atmo zu; Streicher, die den dramatischen Moment anheizen. »Willkommen, Caren.«

»Hallo!«

»Wie schön, Sie heute hier zu haben. Wo haben Sie die ganze Zeit gesteckt?«

»Nach dem Mord an meiner Schwester habe ich mich an einem sicheren Ort versteckt.«

»Mehr wollen Sie dazu nicht sagen?«

»Nein. Und wenn Sie den Podcast senden, werde ich schon wieder weit fort sein.«

Jazz räuspert sich. »Ich danke Ihnen für das Vertrauen! Lassen Sie uns mit dem 30. September 2018 beginnen. Sie riefen die Polizei, nachdem Sie es zum Ufer geschafft hatten.«

»Das ist richtig. Der Mörder war allerdings längst auf und davon. Soweit ich weiß, wurde der Katamaran später am Westufer gefunden.«

»Sie sind gut informiert.«

»Natürlich. Ich musste mein Leben retten.«

»Wann wurde Ihnen klar, dass auch nach dem Erreichen des Strands die unmittelbare Gefahr nicht vorbei war?«

»In dem Moment, als die Kripo mich vernahm. Zuerst war alles wie verschleiert. Ich stand unter Schock! Meine Schwester tot – ich dachte, ich wäre auch gleich dran. Später fühlte ich mich schuldig, weil ich überlebt hatte.«

»Es muss eine furchtbare Erfahrung für Sie gewesen sein.«

Gereizt winkt sie ab. »Ich hatte die Unterlagen. Sie waren meine Lebensversicherung.«

»Augenblick, bitte, Caren. Welche Unterlagen?«

»Sie waren mit Ihrem Podcast schon auf der richtigen Spur. Der Skandal um Soliantech. Einige Unternehmensvorstände hatten Millionenbeträge von Firmen kassiert, die Soliantech Auftragsangebote gemacht hatten. Meine Schwester besaß die Beweise. Die Dokumente sind bereits in den Händen der Presse.«

»Ich nehme an, Ihre Schwester wollte diese Daten vor einem Jahr an Mike Radek übergeben?«

»Ja. Doch der Mann auf dem Katamaran, der sich uns näherte, war nicht Radek. Ich griff nach dem Packsack, in dem sich der Stick mit den Daten befand, und sprang ins Wasser. Ein Wunder, dass ich überlebte.«

»Nun, da die Wahrheit ans Licht gekommen ist: Glauben Sie, dass Ihr Leben nicht mehr bedroht ist?«

»Ich glaube gar nichts mehr.« Sie hebt den Kopf und sieht Jazz lange an. »Aber eines möchte ich noch sagen. Bestimmt wird es die Zuschauer sehr interessieren.«

Jazz lächelt. »Nur zu.«

»Mein Name ist nicht Caren. Ich bin Sara Feldmann.«

»Sie hörten: Mord auf dem Rothsee. Ein Podcast von Jazz Bredow in Kooperation mit dem *Bayerischen Rundfunk*. Sprecherin: Jazz Bredow. Bitte besuchen Sie unsere Facebookgruppe und zögern Sie nicht, diese neuesten Erkenntnisse zu kommentieren ...«

Leonhard F. Seidl
Drachen

Abenberg

Mit Revolvern in den Fäusten trat ich aus dem Schottenturm von Burg Abenberg. Blindlings schoss ich in die Meute auf dem Burghof. Zuerst traf es die drei Halbstarken, die Sozialstunden am Blumenbeet ableisteten, dann die Gräfin, die am Rand des Pools stand und ins Wasser stürzte. Und zuletzt meinen Mitbewohner Asa, der all dies zu verantworten hatte. Wäre meine Verlobte Katharina nicht durch das Burgtor getreten, hätte sie überlebt. So aber traf sie meine letzte Kugel ins Herz. Der Drache auf der Burgmauer dagegen blieb unversehrt. Er spiegelte sich im hellblauen Wasser des Pools in der Mitte des Burghofes. Je mehr Blut aus der Wunde der Gräfin austrat und das Wasser rot färbte, desto mehr verschwamm er. Es sah aus, als würde er ins Morgenrot fliegen.

Aber lasst mich von vorne beginnen. 1983 war ich jung, und meine Welt kannte keine Grenzen. *Scarface* lief in den Kinos. Der *stern* hatte Unsummen für die gefälschten Hitler-Tagebücher verschleudert, die Volkszählung war gescheitert, und Franz Josef Strauß gab der DDR Kredit. »Volksaushorchung« und »Zündi« waren die Wörter des Jahres, und ich versuchte mit vielen anderen Wörtern endlich meinen Debütroman zu schreiben. Vielleicht auch, um meine damalige Freundin Katharina zu beeindrucken. Und was war dafür besser geeignet als eine Schreibstube in einem Turm von Burg Abenberg.

Einziehen wollte ich dort mit meinem Kumpel Asa, mit dem ich zwischen 1979 und '83 mindestens fünfzehnmal umgezogen war. Er hatte sich an der Uni Erlangen für Neuere Deutsche Literatur eingeschrieben, versuchte immer wieder einen Roman zu verfassen, scheiterte aber an dem inneren Ausschlag, der ihn ereilte, sobald er auch nur den Titel des Romans zu Papier bringen wollte. Also zog er das Leben der Literatur vor.

Aus dem verschlafenen Abenberg schlängelten wir uns zur Burg hinauf. Die Sonne strahlte die Fachwerkhäuser an, deren Dächer wie über den Kopf gezogene Mützen wirkten. Rauchsäulen zogen aus den Schloten krause Bänder in den klaren Dezemberhimmel. Kurz bevor wir das erste Burgtor passierten, krähte der Hahn dreimal. Mein Blick blieb an der Statue auf der linken Torsäule hängen: das Gesicht und die Brüste zur Unkenntlichkeit verstümmelt, der rechte Arm fehlte gänzlich. Kurz darauf hüllte uns die pockige Sandsteinmauer der Burg mit ihrem Schatten ein. Das eingemauerte Gesicht auf dem Burgtor, die Pechnase, durch die im Mittelalter siedendes Pech auf die Angreifer geschüttet wurde, und den Adler darüber entdeckte ich erst später. Jetzt standen die burgunderroten, vernieteten Holztore weit offen.

Zum Besichtigungstermin hatten wir die einzigen Anzüge aus dem Schrank geholt, die wir besaßen. In unserem Fiat Cinquecento müffelte es wie in einer Mottenkugel, als wir über das Kopfsteinpflaster des Burghofs klapperten. Vermutlich schlug ich mir den Kopf nur deshalb nicht im Takt der Steine an, weil ich mich auf der Rücksitzbank zusammengekauert hatte.

Die Vermieterin erwartete uns bereits. Allerdings sah sie überhaupt nicht so faltig und ergraut aus, wie wir uns die

Gräfin von und zu Dragón vorgestellt hatten. Stattdessen schien sie eine Doppelgängerin von Vera Miles zu sein, die weibliche Hauptrolle in der Fortsetzung von Alfred Hitchcocks *Psycho*. Die hellbraune Haut steckte trotz der Kälte in einem schlichten schwarzen Trägerkleid, die festen Waden in Cowboystiefeln, und die Zigarette zwischen ihren Lippen war selbstgedreht. Ihre kurzen, leicht gewellten Haare versuchten erst gar nicht, dem Dezemberwind zu widerstehen. Sie sahen aus, als wären sie ein Teil von ihm.

Asa parkte vor dem Schottenturm, in dem wir wohnen sollten. Stieg aus. Klappte den Fahrersitz nach vorne, damit ich mich herauszwängen konnte, während er mir so aristokratisch wie möglich die Tür aufhielt. Das hatten wir vorher so besprochen. Auch wenn Asa in seinen viel zu kurzen Anzughosen nicht viel mit dem Chauffeur eines Adeligen gemein hatte. Der eigentliche Grund für das Schauspiel war die seit Wochen klemmende Beifahrertür.

Der Turm schoss vor mir in den Himmel, Krähen flatterten krächzend um ihn herum. Ich streckte mich unauffällig, indem ich an seiner rauen Fassade aus höckerigen, rötlichen und gräulichen Sandsteinen nach oben sah. Der fünfte Stock bestand gänzlich aus Fachwerk, darauf thronte der steile Giebel mit spitzen Türmchen beiderseits. Ich überlegte, ob er mehr wie die Mütze eines Harlekins aussah oder eher den Hörnern Luzifers gleichkam. Rechts an den Turm schloss die Burgmauer an, links lehnte eine marode Scheune. Dann drehte ich mich um. Und das, was zuvor hinter kahlen Ästen von Sträuchern und Bäumen verborgen gewesen war, offenbarte sich jetzt in seiner ganzen Absurdität: ein kreisrunder, blauer Pool mit betoniertem Rand.

Die Gräfin de Dragón legte ihre Zigarette in den Aschenbecher auf dem kunstvollen Tisch im Schatten und kam auf uns zu. Trotz ihres leicht breitbeinigen Ganges hatte sie etwas Elegantes, um nicht zu sagen Erotisches an sich. Da ich damals noch am Anfang meiner Autorenkarriere stand, fand ich nicht das richtige Wort dafür.

In einem Anfall von Nostalgie griff ich nach ihrer Hand und deutete einen Kuss an, was ihre schmalen, kessen Lippen mit einem Lächeln quittierten. Auch das sollte ich später mehr als bereuen, als ich darüber nachdachte, wann es eigentlich begonnen hatte. Und da nahm ich es das erste Mal wahr: Die Gräfin roch nach Feuer und Erde.

Asa stolperte neben den Blumenrabatten über einen kleinen, auf dem Boden liegenden Rechen und schlug ihn sich gegen das Schienbein. Sein »Aua!« riss mich aus den Gefühlen, die der Geruch hervorgerufen hatte. Mit schmerzverzerrtem Gesicht reichte er der Gräfin die Hand, ohne sie anzusehen: »Ego, guten Tag.« Weder, dass er sie nicht ansah, noch sein eigentümlicher Familienname schienen sie zu irritieren.

Sie breitete die Arme aus und sagte mit rauchiger Stimme: »Herzlich willkommen auf Burg Abenberg! Gräfin de Dragón mein Name.«

Ich stellte mich auf einen öden historischen Vortrag ein, doch sie führte uns umgehend in den Turm, der unsere zukünftige Wohnung beheimatete. Um dorthin zu gelangen, mussten wir über eine Außentreppe, die neben dem Turm und rechts von einer wuchtigen, schwarz-rot gestreiften Holztür mit schmiedeeisernen Beschlägen verlief, in den ersten Stock hinaufgehen. Ich folgte ihr, die Cowboystiefel klackerten vor mir. Da entdeckte ich das Muttermal in der Form eines Drachens. Auf der Rückseite ihres rechten Oberschenkels. Ich stolperte, konzentrierte mich auf den Weg und sah noch einmal auf ihren Oberschenkel, während sie die Tür des hölzernen Außenanbaus aufsperrte, über dem ebenfalls ein spitzer Turm thronte; und der Drache war verschwunden. Ich schob es auf meinen fehlenden Schlaf.

Durch den Sandsteinbogen ging es in den Flur, aus dessen weißer Wand die Umrisse des Fachwerks lugten. Von der Küche mit dem großen Tisch und dem Bad mit Fenster konnte man den Innenhof und den Pool sehen. Die Gräfin führte uns eine steile Holztreppe ins Schlaf- und Wohnzimmer im zweiten Stock, dessen Decke grobe Holzbalken hielten. Der Ausblick aus dem Fenster: spektakulär. Über das ganze Land, über Baumwipfel, Wiesen, Wald bis in das auf einer Anhöhe gelegene Dörflein Kammerstein. Er verzauberte mich von Anfang an. Wobei ich rückblickend überlege, ob es wirklich »nur« die Aussicht war oder eher die Gräfin und die Aussicht. Oder die Gräfin und die Aussicht und der Pool.

Wir stiegen wieder die Treppen hinab, traten auf den Burghof. Vor dem kahlen Blumenbeet offerierte uns die Gräfin, dass wir den Garten mitbenutzen könnten, gegen einen »lächerlichen Betrag von fünf Mark im Monat«, wie sie in melodiösem Singsang hinzufügte. Da Asa und ich sehr natur- und kräuterverbunden waren – vor allem die Pilze auf den Kuhfladen hatten es uns angetan –, sagten wir zu. Zum Eigenverzehr wollten wir Salat, Gurken und Tomaten anbauen.

Wie aus dem Nichts – wie ich später noch feststellen würde, war das eine der Spezialitäten der Gräfin – zauberte sie aus dem Schatten einen Champagnerkübel mit einer Flasche Sekt hervor, ließ den Korken knallen und füllte drei Gläser. Wir stießen an, und da fielen mir das erste Mal ihre verschiedenfarbigen Augen auf: grün und blau. Der Sekt schmeckte seltsam metallisch, erinnerte an den Geschmack von Blut.

An der Unterlippe der Gräfin perlte ein Tropfen Sekt. Reflexartig wollte ich ihn mit meinem Finger wegwischen, doch sie kam mir zuvor, indem sie ihn mit der Zunge ableckte.

Feierlich ging sie mit uns hinüber zum halb gefüllten Pool, in dem das Wasser gefroren war und das Laub gefangen genommen hatte. Sie setzte sich an den Rand und legte ein Bein über das andere, sodass ihr schwarzes Kleid ein wenig nach oben glitt. Ich wunderte mich, warum sie nicht fror, sich auf ihren Oberschenkeln keine Gänsehaut bildete.

»Und nach getaner Arbeit in den Pool springen?« Sie zwinkerte Asa an – oder war ich gemeint? »Für fünf Mark.«

»Ja, also«, gatzte Asa los.

Ich sagte erst einmal überhaupt nichts. Mir fiel es schwer, Nein zu sagen. Ein Pool direkt vor der Haustür. In der Sommerhitze abkühlen, ein paar Bahnen ziehen. Morgens, bevor ich mich an den Schreibtisch setzen und an meinem Roman schreiben würde, der alles verändern sollte.

Ich nippte am Sekt, der auf meiner Zunge bitzelte und immer noch leicht metallisch schmeckte. Ging hinüber zur Gräfin. Da schoss ein Düsenjäger über den Himmel, durchbrach die Schallmauer mit einem ohrenbetäubenden Knall.

»Was denken Sie?«, fragte mich die Gräfin. Krieg, dachte ich und spürte, wie sie mich leicht am Hosensaum berührte. Oder war es der Wind? Die grelle Wintersonne blendete mich, bis sich eine Wolke davorschob.

»Fünf Mark im Monat sind nicht die Welt«, sagte ich, obwohl ich eigentlich etwas ganz anderes hatte sagen wollen. Und sah meinen Kumpel an.

»Nein, danke«, sagte Asa knapp, ohne es weiter zu begründen. Ich war ihm dankbar, wusste ich doch, warum er Nein sagte.

»Nun gut«, sagte die Gräfin, ging, holte den Mietvertrag und einen Stift wieder wie aus dem Nichts hervor. Legte beides auf den gusseisernen Tisch, schob den Stuhl ein wenig nach hinten und zeigte mit der flachen Hand darauf. »Bitteschön.« Dieses Mal war ich mir sicher, dass sie mich angesehen hatte. Also setzte ich mich und versuchte mein Erstaunen zu verbergen, als ich die Adresse unserer WG auf dem Mietvertrag las. Ich nahm mir vor, Asa zu fragen, ob er sie ihr gegeben hatte.

Bereits in der nächsten Woche zogen wir ein. Stolz präsentierten wir unseren Freunden unser neues Domizil. Mit den sandsteinernen Türbögen, dem Fachwerk im Flur, dem fantastischen Ausblick und der Tür, die auf die Burgmauer hinausführte. Und natürlich dem Pool.

Aber lange hielt es uns an diesem sonnigen Dezembertag nicht in unserer mit Kartons zugebauten Kammer. Also stiegen wir zu dritt – meine Freundin Katharina, Asa und ich – in unsere italienische Fischbüchse und drehten den Kassettenrekorder voll auf. Trotz der eisigen Kälte kurbelten wir die Fenster herunter und fabulierten gemeinsam mit Major Tom »Man verlässt sich blind auf den andern« und tönten den Refrain lautstark mit: »Völlig losgelöst von der Erde, schwebt das Raumschiff völlig schwerelos.« Weder der Kalte Krieg noch die Minusgrade konnten unsere grenzenlose Freiheit einschränken. Doch das sollte sich schon bald ändern.

In Spalt hielten wir kurz an einem Lebensmittelgeschäft, da die nächste Wirtschaft in Enderndorf nicht immer so viel Bier vorrätig hatte, um über das Wochenende zu kommen, und die Preise nicht gerade unserem Geldbeutel entsprachen. Dazu kauften wir etwas für den Grill und Gemüse.

Trotz der Kälte konnten wir es kaum erwarten, an die Baggerseen zu kommen, dort, wo heute die Dampferkreuzer und schwimmenden Häuser auf dem Brombachsee herumschwabbern. Unsere Freunde warteten bereits, hatten schon das Lagerfeuer am Ufer entfacht.

Die Nacht legte sich über das Wasser. Die Flammen ließen es flackern. Und wir saßen wohlig satt am Ufer und tranken Glühwein. Katharina nahm den Joint, drehte ihn um und steckte ihn sich mit der Glut in den Mund. Ich faltete die Hände, hielt sie an meine Lippen, und sie gab mir einen Schuss. Dann reichte sie mir den Joint, ich inhalierte den schweren Rauch tief und küsste sie. Sie musste husten. Asa äugte kurz zu uns herüber und gleich wieder weg. Trotzdem sah ich seinen ureigenen, neidverzerrten Blick. Katharina trank einen Schluck Glühwein und stand auf. Sie packte mich an der Hand und flüsterte: »Komm, lass uns nach den Sternen greifen.«

Wir stolperten durch die Dunkelheit die Geröllberge hinauf auf das Förderband, das in der Dunkelheit wie ein langgezogener Drache aussah, der über seine Höhle wachte. Jetzt konnten wir weit über die kleinen Seen schauen und auf unser flackerndes Lagerfeuer. All das hätten wir am Pool der Gräfin nicht gekonnt. Trotzdem musste ich seltsamerweise genau jetzt an sie denken. Katharina und ich küssten uns, breiteten die Arme aus, griffen nach den Sternen und sangen »Völlig losgelöst!«.

Mit den stürmischen Januarnächten kehrte auch der Alltag zurück. Asa fuhr seine erste Nachttour für Foto Horst. Dafür musste er in die Schleifmühle nach Altdorf, wo die entwickelten Fotos übergeben wurden. Dann ging's nach Neumarkt, Pyrbaum, Allersberg, Roth, Georgensgmünd,

Spalt und in ein Dutzend weitere Orte über Windsbach und Abenberg nach Schwabach zu Foto Horst, wo die eingesammelten unentwickelten Filme abgegeben wurden. Auch wenn er mit seinem Wagen in manchen Nächten sechshundert Kilometer abzustottern hatte, kam ihm der Job entgegen, denn er war nicht schlecht bezahlt. Asa fuhr in der Nacht, hatte die Wochenenden frei und konnte mit uns in die Baggerlöcher oder bis zum Morgengrauen bei Bier, Rock 'n' Roll und Kippen auf die Tanzfläche der Disco *Octopus* in Abenberg, wo Schwarz- und Blitzlicht die Welt zersplitterten. Häufig brachte er von seiner Tour Fotos mit, über die wir uns beim Frühstück amüsierten oder wunderten oder beides.

Dann brach der Winter ein. Ein Winter, von dem man heute nur noch träumen kann und der für uns zu einem Albtraum werden sollte.

Die Beziehung mit Katharina kühlte nach dem anfänglichen Hochgefühl, angeheizt vom Ambiente der Burg und zügellosem Sex in allen erdenklichen Räumen, ebenfalls ab. Wobei mir gerade das eine Mal im Bad in Erinnerung blieb. Katharina lehnte sich an das Fenster zum Hof. Mit dem Po an die Glasscheibe, die zur Hälfte aus Milchglas bestand, und ihrem schlanken Rücken am durchsichtigen Glas darüber. Da entdeckte ich die Gräfin im Hof. Sie sah mir tief in die Augen. Und ich kam zum Höhepunkt. Als ich wieder hinschaute, war sie verschwunden. Und Katharina genervt.

Von diesem Moment an stritten wir jedes Mal, wenn wir uns sahen – weil ich nur noch von meinem Roman sprechen würde, den ich überhaupt nicht schrieb, wie mir Katharina vorwarf. Derartige Kommilitonen, die mit ihrem schwarzen

Rollkragenpullover einen auf Sartre machen, eine Zigarette nach der anderen rauchen und eine Frau nach der anderen verbrauchen, aber im Gegensatz zu Sartre nicht einmal in der Vorlesung mitschreiben, habe sie genug. Mir war, als wäre sie eifersüchtig auf meinen Roman.

Asa verfluchte den Schnee, da kein Winterdienst fuhr; die Straßen waren eingeschneit wie bei den Russen in Sibirien, die damals jede Sekunde auf den Atomschlag der Amerikaner warteten. Mit dem Schnee kam auch eine andere einschneidende Veränderung für Asa. Da Foto Horst immer weniger Umsatz mit seinen Bildern machte, musste er seinen Fahrdienst an einen Subunternehmer verkaufen, der eigentlich nur Arzneimittel fuhr. Eigentlich. Es war, als hätte die Eiserne Lady Margaret Thatcher ihren eisigen Atem über die See geschickt. Denn der neue Auftraggeber verlangte Asa nicht nur mehr an Leistung ab, sondern zahlte ihm auch weniger Lohn dafür. Aufgrund der Expansion des Auslieferungsgebietes musste Asa jetzt nicht mehr nur bis nach Fürth-Bislohe, wofür er bei ruhigem Verkehr über die A6 schon fünfundvierzig Minuten benötigte, sondern auch noch bis nach Nürnberg in die Altmüllerstraße zur SITZE Pharma Handel GmbH. In beiden Lagern musste er all das einpacken, was die Apotheken orderten. Und das war nicht wenig. Die Fotos von Horst inklusive. Dazu kamen Kosmetika und manchmal auch Fahrräder oder andere obskure Dinge. Tonnenweise Babynahrung waren noch das Normalste. Denn letztlich konnten sich die Apotheker bestellen, was sie wollten. Mittwochs, wenn die Apotheken geschlossen hatten, kamen auch noch Kartons voller Wein hinzu. Dies alles sollte Asas Schaden nicht sein, aber dafür meiner umso mehr.

Schwere schwarze Wolken hingen über Burg Abenberg, als Asa in sein Auto stieg, um sich auf seine Nachttour zu begeben. Ich winkte ihm hinterher und setzte mich an den Schreibtisch, um über den Titel meines Romans nachzudenken. Allerdings kam ich nicht weiter, als den Buchstaben A mit meinem Füllfederhalter – eine Schreibmaschine hätte ich in diesen ehrwürdigen Gemäuern als Frevel empfunden – aufs Papier zu bringen. Dann drückte mich der Temperatursturz nieder, der mich schon immer enorm viel Kraft gekostet hatte. Ich fiel in einen traumvollen Schlaf, kämpfte mich mit dem Transporter durch Schneeverwehungen und über eisglatte Straßen, Berg und Wald vor und hinter Massendorf hinauf und hinunter.

Auf der Anhöhe vor Enderndorf, von wo aus man weit ins Tal schauen konnte, schob sich das Förderband in den eiskalten Himmel über den Baggersee. Verwandelte sich in einen Drachen, dessen gefräßiges Maul über seinem Schatz thronte. Seine Augen glühten. Meine Hände zitterten so stark, dass ich kurz rechts ranfahren musste. Zur Entspannung zündete ich einen Joint an, drehte die Doors auf und sang leise mit: »Riders on the Storm. Riders on the storm. Into this house we're born. Into this world we're thrown ...« Und fuhr weiter. Der harzige Geruch des Schwarzen Afghanen vernebelte das Führerhaus, und ich fuhr den kurvigen Berg hinunter. Das THC vernebelte mir das Gehirn. Und ich sinnierte, was der letzte Satz wohl zu bedeuten hatte: »His brain is squirmin' like a toad.« Das Ergebnis stellte mich erst recht vor ein Rätsel: »Sein Gehirn windet sich wie eine Kröte.«

In einer krassen Rechtskurve stach plötzlich von rechts ein Schatten aus dem Wald. Ich trat auf die Bremse. Die Reifen blockierten. Es gab einen dumpfen Knall. Der Schatten rumste gegen die Windschutzscheibe. Der Lieferwagen schlitterte. Stellte sich quer. Kam ruckartig zum Stehen. Ich atmete tief ein und wieder aus. Stieg aus. Auf die Straße. In den Schnee. Ging langsam vor meinen Transporter. Über den Scheinwerfern stieg Dampf auf: ein toter Rehbock. Der mich anstarrte. Eine Blutlache bildete sich um den schlanken Hals. Versickerte im Schnee. An der Stoßstange klebte Blut.

Ich fuhr den Lieferwagen an die Seite. Schaltete die Warnblinkanlage an. Schneeflocken wirbelten herum, Jim Morrison sang weiter. »There's a killer on the road.« Ich klappte die große Tür zum Laderaum auf. Nahm die erstbeste Kiste, öffnete sie und wühlte mit zittrigen Fingern im Licht der Taschenlampe darin herum. Entschied mich für zwei Captagon. Drückte sie aus den Silberstreifen. Captagon: ein Aufputschmittel, das Tote aufweckte, von uns nur Cappies genannt, in diesen Tagen sogar unter Fußballern weit verbreitet. Ich riss einen der Kartons auf, die ich noch von letztem Mittwoch gebunkert hatte, und schnappte mir eine Flasche Rotwein. Entkorkte sie mit meinem Taschenmesser und spülte die Tabletten hinunter, dass es mich schüttelte. Was meinen Puls umgehend normalisierte. Den Rehbock packte ich an den dürren Läufen, wuchtete ihn vor den Beifahrersitz und versteckte ihn unter einer Decke.

Mein rasender Herzschlag hob mich von meinem Schreibtisch: die Cappies. Auch wenn ich das Gefühl hatte, dass mein Herz nicht noch schneller schlagen konnte, wurde es beschleunigt von einem Kratzen aus dem Hof. Gefolgt von drei dumpfen Schlägen.

Ich wetzte auf den Flur. Öffnete die Tür des Schottenturms. Hastete über die verschneiten Stufen der Außentreppe nach unten. Das grelle Licht des Innenhofes blendete mich. Da jagte ein Eiszapfen von der Zinne herunter. Zerschellte mit gedämpftem Splittern auf der glattgebohnerten Eisfläche unter mir. Zerkratzte sie wie die braunen, schwarzen und grauen Kiesel, wenn ich sie mit meinen Sohlen zermalme, in das Eis drücke, kreuze und quere Spuren hinterlasse. Wenn sie ausweichen in das Eis, um nicht gänzlich zermalmt zu werden, was aufgrund ihrer Härte und meinem Gewicht kaum möglich wäre; steinhart. Wenn sie sich in der Sohle festbeißen, mitgenommen von meinen Schritten. Knirschen, kratzen, knarzen lassen, das Eis. Der zersplitterte Eiszapfen um sie herum wie gebrochenes Glas. Ich schlich auf den Pool zu. Dahinter der schräge Luginsland-Turm. Meine Schuhe pressten den Schnee. Ich war seltsam klar und unaufgeregt in meinen Gedanken. Im Hier und Jetzt. Ich ging in die Knie. Mein Puls pochte in meinem Gehirn. Drückte gegen meine Stirn. Zum Zerreißen gespannt. Im Haupthaus brannte Licht in einem Fenster: die Gräfin.

Der Schnee auf dem Eis im Pool ist verschwunden. Das Laub darin gefangen. Trotzt es den Rissen im Eis, neben und auf ihm; Schnitte. Brüche. Miteinander verbunden wie Menschen. Wie die Äderchen des Blattes. Zerbrochen, entzweigegangen, zerborsten. Ich sammelte Steine auf, die kalt und rau in meiner Hand lagen, warf sie auf die Eisfläche, worauf es surrte und summte, galaktisch tönte. Seltsam fremd. Harscher Wind kam auf, biss mir ins Gesicht, stahlharte Schneeflocken schlugen gegen meine Augenlider. Schnelle Schritte schreckten mich auf. Drei Schatten jagten am Turm vorbei. Ich hinterher. Sie verschwanden hinter der Scheune. Als ich an der Tür in der Burgmauer angekommen war, waren sie bereits verschwunden. Auf dem Weg nach Abenberg.

Zurück im Turm roch ich es wieder: Feuer und Erde. Meine Synapsen glühten. Ich griff zum Stift, fühlte mich, als hätte ich zwei Kannen Kaffee intus und würde an der glasklaren Luft sitzen. Da entdeckte ich das Rehbockgeweih, das neben mir auf dem Tisch lag und zuvor noch nicht dort gelegen hatte. Ich stutzte. Aber nur kurz. Da ich mich klar und übermächtig fühlte, ließ ich mich nicht davon abhalten. Zündete wie immer, bevor ich mit dem Schreiben begann, eine Kerze an. Irgendjemand musste sie ausgepustet haben. Vermutlich derjenige, der auch das Rehbockgeweih auf den Schreibtisch gelegt hatte. Die Gräfin? Weil meine rechte Hand mit dem Füller darin unablässig zuckte, fing ich an zu schreiben:

Durch die Tabletten wird das Weiß noch weißer, werden die Kristalle zu Kunstwerken. Ich will mehr davon. Mehr Kunst. Mehr Durchblick. Wenn ich den Schnee schon nicht bezwingen kann, will ich ihn immerhin genießen. Also werfe ich noch zwei Cappies ein, kämpfe mich weiter durch das Schneetreiben nach Roth.

An der Apotheke in Roth herrscht heute seltsame Ruhe. Sogar die Schneeflocken hetzen jetzt nicht mehr wie Irre unter den Straßenlaternen und dem Durchgang unter dem Rundturm, sondern schweben wie betäubt zu Boden. Das wuchtig-eckige Schloss Ratibor mit seinen schwarz-rot gestreiften Fensterläden scheint mich zu beobachten.

Im mittleren Fenster des ersten Stocks der Apotheke zwischen den Fachwerkbalken flimmert kein Fernseher. Normalerweise läuft er noch, wenn ich anfahre, und die Apothekerin schaltet ihn ab, sobald sie mich bemerkt. Dann kommt sie zu mir nach unten, um mir weinselig von ihrem Tag zu berichten. Heute bin ich es, der großen Redebedarf hat. Aber es läuft kein Fernseher, das Fenster bleibt dunkel, wie alle anderen Fenster in der Nachbarschaft auch.

Ich fahre an der altehrwürdigen Apotheke vorbei, biege rechts ab und parke vor dem Seiteneingang. Da sehe ich im Rückspiegel den Streifenwagen. Gerade heute! Bevor ich den Motor wieder starten kann, gehen die Türen auf. Zwei Polizisten steigen aus. Als hätten sie auf mich gewartet. Ich überlege, ob sich irgendetwas im Wagen oder in meinen Hosentaschen befindet, das die Polizei nicht finden darf. Aus dem Aschenbecher grinst mich der Jointstummel an. Verdammt! Warum habe ich den nicht aus dem Fenster geworfen? Wegen des Rehbocks ... Mein fahriger Blick fährt auf die Decke neben mir. Hoffentlich klebt am Kotflügel kein Blut mehr. Da steht der Polizist auch schon neben meinem Fenster. Ich kurble es langsam herunter. »Was machen Sie da?«, grummelt er in seinen Oberlippenbart. Er wirkt unangenehm angespannt, obwohl er nicht mehr der Jüngste ist. »Ausweis!« Ich beuge mich zur Mittelkonsole, in der Hoffnung, dass er den Jointstummel und den verhüllten Rehbock neben mir nicht sieht. Klappe auf. Hole meinen Ausweis heraus, der seit drei Monaten abgelaufen ist. Und richte mich auf; starre in die Mündung seiner Waffe.

»Hände hoch! Aussteigen!«

Ich hebe die Hände, versuche auszusteigen. Schaffe es aber nicht, mit erhobenen Händen auszusteigen. »Ich dachte, Sie wollen meinen Ausweis?«

»Schnauze. Aussteigen!«

Also nehme ich die Hände herunter. Steige aus. Und hebe die Hände wieder.

»Was machen Sie hier?«

»Ich stehe vor Ihnen und hebe die Hände.«

»Wollen Sie mich eigentlich verarschen?«

»Wollen Sie mich eigentlich erschießen?«, frage ich, und meine Zunge beginnt ein Eigenleben zu entwickeln. »Wissen Sie was? Seit sechs Stunden bin ich unterwegs, kämpfe mit Schneeböen, den Songtexten von den Doors und Babynahrung und versorge die halbe Welt, damit sie und ich morgen in der Apotheke Aspirin gegen ihren Kater kaufen können. Sie denken jetzt sicher, wie blöd ist der, dass er zugibt, dass er morgen einen Kater haben wird, wo er doch gerade in eine Polizeikontrolle geraten ist. Wissen Sie was? Wenn Sie wollen, dann lassen Sie mich blasen. Los! Gut, dann eben nicht. Außerdem habe ich fünfzig Rostbratwürste mit Petersilie und Eiern im Kofferraum, die noch heute nach Stuttgart müssen. Was? Sie glauben mir nicht? Kommen Sie, dann sehen wir nach. Sie glauben wohl, ich erzähle nur Quatsch? Ich sei auf irgendeinem Film. Eigentlich könnte ich genauso gut in der Maxhütte arbeiten. Die Schicht dauert genauso lang. Nur würde ich dann mehr verdienen. Ich möchte einfach nur nach Hause in mein Bett. Wie Sie vermutlich auch.«

»Wollen wir das nicht alle?«, meldet sich eine helle Stimme von hinten. Eine Polizistin, die ebenfalls ihre Waffe in den Händen hält.

»Also sind Sie der Scherzkeks, der die Lieferung für die Apotheke missbraucht hat?«

»Woher ...«

»Sie wurden beobachtet«, meldet sich die Kollegin wieder.

»Im Wald?«

Der Polizist sieht sich um. »Sehen Sie hier vielleicht irgendwo Wald? Hände auf den Wagen!«

»Der ist zu hoch.«

»*Dann eben an den Wagen*«, *stöhnt die Polizistin auf.*

»*Also. Haben Sie mit Zahnpasta Bilder auf Hauswände gemalt?*«

»*Sahen sie hübsch aus?*«

»*Sahen sie hübsch aus?*«, *fragt der Bulle seine Kollegin.*

»*Mir hat es gefallen*«, *sagt sie.*

»*Dir gefällt so was?*«

»*Ja: moderne Kunst. Wie bei Billy Wechsler in Abenberg, in seinem Künstlerhaus.*«

»*Bitte fangen Sie jetzt nicht an zu streiten*«, *versuche ich zu deeskalieren. Ich drehe mich um. Der Polizist stößt mich an den Wagen. Jetzt stöhne ich auf.*

»*Hände auf, ähhh, an den Wagen.*« *Ich lege meine Hände an den Transporter.*

»*Ich bin mehr so der Aquarelltyp. Und Sie?*«

»*Der Mann ist unschuldig*«, *unterbricht uns die Stimme der Apothekerin aus einem geöffneten Fenster.* »*Er liefert die Medikamente. Für so was wie Malen hat der gar keine Zeit.*«

»*Ah, okay*«, *sagt der Bulle und räuspert sich.* »*Dann entschuldigen Sie bitte.*«

Erleichtert steige ich in den Wagen und fahre die paar Meter zu Uschi, die mir eine Viertelstunde später, nachdem ich die fünfhundert Gläser Babynahrung und fünfzig Großpackungen Pampers und noch viel mehr ausgeladen habe, das Du anbietet, während wir eine Flasche Wein leeren. So viel Zeit muss nach dem Schock schon sein. »*Wo wir jetzt doch ganz schön was zusammen erlebt haben*«, *flüstert sie mir in ihrem weißen Kittel und mit den roten Backen ins Ohr, mit denen sie aussieht wie das Mädchen auf dem Rotbäckchen-Saft. Und dann erzählt sie mir, warum sie sich jede Nacht, außer samstags und mittwochs, fünfhundert Gläser Babynahrung liefern lässt. Und füttert mich mit Nürnberger Rostbratwürstchen, die eigentlich an eine Apotheke in Stuttgart gehen sollen, obwohl ich keinen Hunger habe und so viel zu erzählen hätte. Dafür bekommt sie die Eier. Und als Geschenk eine Ladung teuerste Kosmetika aus der Lieferung, zur Vorbereitung für unser nächstes Treffen: Lippenstift, Rouge und Kajal. Und zwei Kartons Wein. Irgendwie muss ich die ungerechte Bezahlung ja ausgleichen. Was dann geschah, kann ich nicht sagen: Filmriss.*

Die Tür des Schottenturms öffnete sich knarzend. Wie in einem billigen Film. Ich setzte den Stift ab. Der Morgen dämmerte bereits. Dumpfes Licht schob sich durch die burgunderrot umrahmten Fenster. Jemand stieg die Stufen herauf. Die Gräfin? Eine freudige Erregung überkam mich, über die ich mich im nächsten Augenblick auch schon wieder wunderte. Doch nicht die Gräfin, sondern Asa stand kurz darauf vor mir. Und der sah ganz schön fertig aus. Er knallte wie immer einen Stapel Bilder und einen Karton Wein auf den Schreibtisch, direkt neben das Rehbockgeweih. Dazu einen Berg Valium und Cappies. Er streckte sich und sagte: »Du siehst ganz schön fertig aus.« Dann fing er an zu erzählen. »Du glaubst nicht, was ich heute Nacht erlebt habe. Die Bullen haben mich fast mit einem Joinstummel abgefickt. Hat mir der doch glatt die Knarre in die Fresse gehalten. Ich gehe jetzt erst einmal duschen. Schau mal, welche Bilder ich heute gemopst habe. Da lachst du dich scheckig.«

Ich schaffte es nicht, mich von meinem Schreibtisch zu lösen. Das Brausen des Wassers dröhnte in meinen Ohren. Es fühlte sich an, als würde ich selbst mit unter der Dusche stehen. Meine Verwunderung wurde allerdings nicht weggespült. Ich öffnete die Fotopackung, um mich mit den Bildern abzulenken. Doch das Gegenteil war der Fall, sie ließen meinen Puls weiter nach oben schnellen. Bild 1: ich, schlafend auf dem Schreibtisch. Bild 2: der tote Rehbock im Wald bei Enderndorf. Bild 3: die Gräfin, wie sie das Rehbockgeweih neben mich auf den Tisch legt. Bild 4: die Apothekerin Uschi, wie sie mich mit einer Rostbratwurst füttert.

Da läutete auch noch das Telefon: Katharina. Warum ich mitten in der Nacht durch den Wald kurven würde?, scholl es aus dem Hörer. Und ob ich einen Rehbock überfahren hätte, wo ich doch meinen Roman schreiben wollte? Und was macht die Gräfin in meiner Wohnung? Und warum füttert mich eine wildfremde Frau mit Rostbratwürsten? Ohne dass ich auch nur eine Silbe erwidern konnte, knallte sie den Hörer auf die Gabel.

Das war zu viel für mich. Ich drückte drei Valium aus dem Silberstreifen und spülte sie mit Wein hinunter. Durch das Fenster sah ich, wie die Gräfin über den Burghof schritt, immer noch im schwarzen Trägerkleid, als würden die Pfützen nicht gefrieren. Ich stürmte nach unten auf den Hof. Bevor ich sie fragen konnte, was sie in meiner Wohnung zu suchen hatte, legte sie ihren Zeigefinger auf meine Lippen. Und ich roch wieder Feuer und Erde. »Das waren Jungs heute Nacht. Die sind über die Burgmauer geklettert und haben Schallplatten geklaut. Sie werden ihrer gerechten Strafe zugeführt werden.« Dann flüsterte sie mir noch etwas ins Ohr und berührte mit ihren Lippen ganz leicht meine Wange. Sie verabschiedete sich, ohne dass ich sie nach dem Grund ihres Besuches in meiner Wohnung fragen konnte und ob das Rehbockgeweih von ihr stammte.

Minutenlang stand ich auf dem Burghof in der Kälte und dachte darüber nach, wie ich Katharina zurückgewinnen konnte. Aber ich bekam den feurig-erdigen Geruch der Gräfin nicht mehr aus mir heraus. Meine Gedanken wanderten ständig zu ihren Lippen auf meiner Wange. Auf meinem Unterarm bildete sich Gänsehaut. Trotzdem ging ich zu Asas Lieferwagen, öffnete die Beifahrertür. Lupfte die Decke. Der tote Rehbock glotzte mich mit seltsam verdrehtem Kopf aus seinen braunen Knopfaugen an, die mich an das eine Auge der Gräfin erinnerten. Dort, wo sich in der Nacht noch das Geweih befunden hatte, starrte ich auf zwei schwarze, blutverkrustete Löcher. Steckten die Gräfin und Asa unter einer Decke? Ich deckte den Rehbock wieder zu und schloss die Tür. In dem Moment begann das Valium seine volle Wirkung zu entfalten. Mit federnden Schritten hüpfte ich leicht wie ein Gummibär über den Hof zu unserem Turm.

Asa erzählte ich weder etwas von den Bildern noch von meinem Roman oder den Schatten im Hof. Trotz der Valium lag ich den ganzen Tag wach. Unfähig aufzustehen, unfähig einzuschlafen. Die Lippen der Gräfin, ihr Geruch. Und wenn ich doch einmal kurz wegnickte, flog ein Düsenjäger der Amis auf den Schottenturm zu. Durchstieß die Schallmauer. Weckte mich knallend. Wendete, kurz bevor er mich erreicht hatte. So viele Male, wie ich mir vornahm, Katharina anzurufen und ihr alles zu erklären. Aber mein Fleisch war schwach, und mein Gehirn wand sich wie eine Kröte.

Gegen Spätnachmittag schaffte ich es, mich an den Schreibtisch zu schleppen und einen Kaffee mit zwei Cappies hinunterzukippen. Im Hof sah ich die drei Halbstarken, Rechen und Spaten in der Hand, wie sie bibbernd neben der Gräfin und vor den kahlen Beeten standen.

Keine halbe Stunde später flitzte mein Füller wieder über das Papier: *Der Schnee umschließt die Burgmauer mit einer zweiten, weißen, weichen Mauer. Die Äste ächzen unter dem Gewicht, das auch auf den Dächern der Abenberger Häuser lastet. Heute fahre ich früher ins Lager, bevor die Kollegen mit dem Einladen beginnen.*

Es ist noch nicht dunkel, als ich in der Altmüllerstraße in Nürnberg vor dem Verteilungszentrum ankomme. Ich werfe meine Zigarette aus dem Fenster. Bleibe im Wagen sitzen. Spähe die Umgebung aus. Niemand zu sehen. Lediglich ein paar Krähen krächzen von einer kahlen Lärche.

Also streife ich mir Lederhandschuhe über. Setze meine Kapuze auf. Und ziehe sie mir tief ins Gesicht. Steige aus dem Wagen und gehe ins Verteilerzentrum. Auch dort ist niemand zu sehen. Die Kisten liegen auf den Rollbändern, als würden sie nur auf mich warten. Ich hüpfe auf das Band, rutsche aus, weil sich die Rollen zu drehen beginnen. Muss mich mit den Händen festhalten. Hangele mich von Kiste zu Kiste. Durchwühle sie. Packe die Diamanten in meinen Rucksack. Bis ich das Geräusch am Rolltor höre.

Schritte; die Gräfin. Sie verharrte in der Tür. Trat wortlos ein. Mit ihr: Feuer, Erde. Stellte sich zu mir an den Tisch. Ihre kleinen Brüste auf Kopfhöhe. Nahm sich ein Weinglas aus dem Regal. Schenkte ein. Trank. Blies die Kerze aus. Sagte: »Schreibt der Herr Schriftsteller auch fleißig an seinem Roman?« Beugte sich zu mir herunter. Dann gab sie mir einen Kuss. Ihre weichen Lippen auf meinen. Für eine Sekunde. Und ging. Noch bevor ich einen Ton sagen konnte.

Also zündete ich die Kerze wieder an. Schrieb weiter: *Mein ganzer Körper zittert vor erschöpfter Erregung. Die Rollen des Förderbandes rotieren rückwärts, ich rutsche aus, schlage mir die Nase am Eisen, das die Rollen hält, blutig. Öffne eine Plastikkiste, breche mir dabei den Fingernagel ab und bemerke es nicht einmal. Schliddere erneut aus. Durchwühle die Kiste: Da, eine Packung Cappies! Reiße den Silberstreifen heraus. Stopfe mir drei Tabletten in den Mund. Bitterkeit breitet sich aus: bröselig, breiig. Den Rest zwänge ich mir in die Hosentaschen. Stolpere über die Plastikkiste, reiße die nächste auf. Da, Medinox! Rupfe die Flasche aus der Verpackung; in meinen Rucksack. Zwanzig Kisten später ist er voll: Valium, Cappies, Ruppies, Valoron, Medinox. Das ist Stoff in einem Schwarzmarktwert von mehreren Tausend Mark. Den packe ich mit anderen Kisten in meinen Transporter: Wein, Kosmetika. Und brause bumsfidel los, als wäre nichts gewesen. Kämpfe mich während meiner üblichen Tour durch den Schnee.*

Gegen vier Uhr fünfundvierzig, kurz vor Enderndorf. Meine ausgepumpten Knochen melden den Morgen. Am Leben erhalten vom Amphetamin, das um sie herum fließt. Die Förderbänder des Kieswerks ragen vor dem vollen Mond in den Himmel. Wie Scherenschnitte. Werden zu Drachen. Ihre Köpfe drehen sich drohend. In meine Richtung. Spucken Feuer. Vertreiben die Nacht. Ich spüre die Glut, obwohl ich noch Hunderte Meter von ihnen entfernt bin. Ich bremse. Fahre rechts ran. Ohne zu blinken. Das war's. Die Drachen sind wieder das geworden, was sie sind: Förderbänder.

Gleich nach meiner Schicht – ich hellwach, dafür um weitere Cappies ärmer – rief ich von der Telefonzelle in Abenberg den Kontaktmann an, den mir die Gräfin genannt hatte. Um mögliche Verfolger abzuschütteln, trafen wir uns am Schloss Almoshof im Nürnberger Knoblauchsland zur Übergabe. Die fünftausend Mark hatte er in bar dabei.

Wenn die Gräfin richtig gelegen hätte und es so weitergelaufen wäre, hätten wir das Geld in wenigen Wochen beisammengehabt. Wenn mir Katharina nicht in die Quere gekommen wäre. Genau an diesem Morgen stand sie nämlich vor der Turmtür.

»Kannst du mir sagen, was mit dir los ist?« Ihre Augen, in die ich mich einmal verliebt hatte, sprühten Geifer.

»Ich schreibe meinen Roman.« Ich lehnte mich zurück. »Und so viel kann ich schon mal verraten: Es läuft gar nicht schlecht.«

Sie knallte mir eine Packung Fotos an die Backe.

»Aua!«

»Ich sehe, dass es gut läuft mit der ollen Gräfin.« Spucke flog aus ihrem großen Mund in mein Gesicht.

»Wir haben nicht miteinander geschlafen.«

»Wie würdest du das dann nennen?«

Sie hielt mir ein Foto so dicht vor die Augen, dass ich nur Haut erkennen konnte. Als ich danach greifen wollte, um die Gräfin wirklich einmal nackt zu sehen, riss Katharina mir das Foto aus der Hand.

»Und der Lippenstift?«

»Welcher Lippenstift? Und wo überhaupt?«

»Der Lippenstift, den du mir geschickt hast mit diesem schmalzigen Brief.«

Jetzt sagte ich lieber gar nichts mehr. Mein Gehirn war zu durchlöchert von dem fehlenden Schlaf und der Flut an Adrenalin und Amphetamin.

»Und weißt du was?«

Ich schüttelte den Kopf.

»Ich weiß, woher du den Lippenstift und all das Zeug hast. Aus den Lieferungen für die Apotheken. Ich gehe zur Polizei.«

Und damit brauste sie davon.

Ich überlegte nur kurz. Dann zündete ich die Kerze an und fing an zu schreiben:

Wie alle Menschen hat auch Katharina eine Schwachstelle. Und die liegt gerade jetzt offen. Sie will umworben, erobert werden. Und als Studentin ist sie immer knapp bei Kasse, kann sich keine teuren Kosmetika leisten. Also stelle ich ihr ein Päckchen mit den feinsten Lippenstiften, Kajals, Rouge und Parfüms zusammen, die der Markt zu bieten hat.

In der Arbeit läuft es weiter wie bisher. Eine ganze Woche. Einsacken – Aufputschen – Tour fahren – zur Apothekerin (was die Gräfin wiederum nicht wissen durfte und Katharina sowieso nicht) – wieder Aufputschen – Übergabe an den Dealer – Roman schreiben – Einsacken – selten ein Nickerchen – Aufputschen – Einsacken – Roman schreiben ... Am Ende der Woche habe ich fünfunddreißigtausend Mark in der Tasche. Fehlt noch das Dreifache. Kein Problem, sage ich. Zugeknallt bis oben hin und übernächtigt ohne Ende.

Am nächsten Abend fliegen die Kisten beim Einladen in Nürnberg nur so in meinen LT-28-Transporter, was sicher nicht nur daran liegt, dass ich sie um einige Schachteln erleichtert habe.

»Herr Faulhaber.« Der Betriebsleiter steht plötzlich neben mir. »Ich weiß, dass sie unter großem Zeitdruck sind.«

»Allerdings«, sage ich, ohne die Arbeit zu stoppen.

»Wir haben einen Anruf erhalten.«

»Tatsächlich?«, sage ich vielleicht etwas zu schnell. »Von wem denn?«

»Das tut nichts zur Sache. Es sind in der letzten Zeit einige Dinge abhandengekommen.«

»Was denn?«

»Medikamente, Wein und Kosmetika.«

»Wer macht denn so was?«

»Genau das möchte ich ja von Ihnen wissen.«

Ich schlage die Tür des Transporters zu.

»Haben Sie irgendjemanden beobachtet, der außergewöhnlich lange im Lager war oder Ihnen sogar etwas angeboten hat?«

»Nein. Ich muss jetzt los. Sie wissen ja.« Ich zeige auf das Schneetreiben vor dem Lager.

Irgendwie schaffe ich es trotz des Schlafmangels dank meiner kleinen, chemischen Helferlein, die Tour und Uschi zu absolvieren. Dass ich immer wieder am ganzen Körper zittere und mein Kopf sich wie eine Billardkugel anfühlt, die ständig abgeschossen wird, ignoriere ich.

Kurz vor Enderndorf erhebt sich der Drache über die Kiesberge. Die heute aussehen wie Burgen. Er speit grimmig Feuer. Schickt schwefelig-rauchende Feuerbälle gen Himmel. Gegen mich. Patz! Patz! Patz! Auf mich.

Ich gebe Gas. Jage auf ihn zu. Die Flammen aus seinem Maul erleuchten seine scharfkantigen, spitzen Zähne, erhellen die Nacht. Es stinkt nach Rauch und Erde. Die Feuerzunge schlägt gegen die Frontscheibe, bildet eine tödliche Wand. Lässt das Plastik des Scheibenwischers schmelzen, das schwarze Streifen auf dem Glas hinterlässt. Im Auto wird es so heiß, dass mir der Schweiß den Rücken hinunterläuft. Ich habe Mühe, das glühende Lenkrad festzuhalten. Das Fauchen des Drachens übertönt Jim Morrisons Gesang: »Riders on the storm«. Ich reiße die Tür auf. Hechte aus dem fahrenden Transporter. Der weiterrollt. Ich jage auf das Ungetüm zu. Werfe mich bei jedem Feuerschwall in die Pfützen. Die Nässe schützt mich zumindest ein wenig *vor der Hitze. Dann klettere ich auf den Rücken des größten Drachens. Von Stachel zu Stachel. Über die schuppige Haut. Das Ungetüm bäumt sich auf. Versucht mich abzuschütteln. Faucht, brüllt, dass es mir in den Ohren dröhnt. Schnappt mit seinem riesigen, stinkenden Maul nach mir. Durch den Rauch kann ich nichts mehr sehen. Meine Finger graben sich in seine Schuppen. Durchdringen sie. Schneiden in das Fleisch des Monsters. Blut quillt aus den Schuppen. Das meine Fingerspitzen rot färbt. Der Drache tobt wutschnaubend. Faucht. Bäumt sich auf. Wirft den Kopf herum. Und die Cappies lassen genau in dem Moment nach. Mir geht die Kraft aus. Mein Griff lockert sich. Ich verliere den Halt. Ein eisiger Wasserstrahl erfasst mich.*

Asa stand mit einem leeren Eimer hinter mir. »Geh duschen, du Ferkel!« Ich schüttelte mich wie ein nasser Hund. Schleppte mich unter die heiße Dusche. Seifte mich ein. Da erstarb der Wasserschwall, und ich stand im Trockenen. Mal abgesehen von dem Schaum, den ich am ganzen Körper verteilt hatte. Ich ging ins Wohnzimmer, wo Asa gerade Kaffee trank und einen Joint rauchte. Bei meinem Anblick prustete er lautstark los und steckte mir eine Karotte in den Mund. Ich schleuderte sie in die Ecke, stibitzte ihm den Joint und zog daran. Er zeigte stumm durch das Fenster im Hof, wo die Gräfin in ihrem Trägerkleid saß und mit einem Gartenschlauch Wasser in den Pool einließ. Die drei Jungs, die immer noch ihre außergerichtlichen Sozialstunden ableisteten, weil sie unerlaubt in die Burg eingedrungen waren, lungerten daneben mit Schrubbern in den Händen herum.

»Und?«, fragte ich und inhalierte tief.

»Und?«, grinste Asa. »Der Wasserdruck ist zu gering. Wenn die Alte ihren Pool bewässert, können wir hier nicht duschen.«

»Verdammt!«, fluchte ich, gab ihm den Joint zurück und rannte nach unten. Splitterfasernackt, wie das Duschgel mich geschaffen hatte. Die Jungs entdeckten mich als Erstes. Rissen die Augen weit auf, prusteten los. Dann wandte sich die Gräfin um; schmunzelte. Ich flitzte an ihr vorbei und sagte: »Die fünf Mark für den Pool zahle ich trotzdem nicht.« Dass ich mit einem Auge zwinkerte, sah nur sie. Ich stieß mich ab und flog kopfüber in den Pool, dass der Schaum nur so stob. Das Wasser umhüllte mich, wärmer, als ich dachte. Auf dem Rückweg drehte ich mich noch einmal kurz um und ertappte die Gräfin dabei, wie sie mir auf den Hintern glotzte. Und sah Katharina, wie sie sich bereits im Burgtor wieder umwandte und ging.

Am Abend setzte ich mich dann frisch gewaschen, wenn auch keineswegs ausgeschlafen an den Schreibtisch – war die Gräfin doch in unseren Turm gekommen, nachdem sie die Jungs verabschiedet und Asa sich schlafen gelegt hatte. Wir tranken Wein, und die Wundermittelchen hielten mich wach. Ich kapitulierte vor ihrem Duft und ihrem Körper und hakte damit die Beziehung mit Katharina endgültig ab. Auch das drachenförmige Muttermal auf dem Oberschenkel der Gräfin entdeckte ich. Und erfuhr, wo auf meinem Körper Katharina den Lippenstift von den Lippen der Gräfin aufgespürt hatte. Dass dies erst geschah, *nachdem* das Foto aufgenommen worden war, darüber dachte ich nicht nach. Wie über so vieles andere auch nicht in diesen Tagen ...

So wie ich mir und der Gräfin nach dem Sex eine Zigarette ansteckte, so zündete ich wie immer zur Einstimmung zum Schreiben mit einem Streichholz die Kerze an. Dann schrieb ich weiter an meinem Roman. Einen Arbeitstitel hatte ich bereits:

Drachen

Im Auto streife ich mir Motorradhaube und Handschuhe über. Packe die Zange in die Lederjacke. Damit hat der Betriebsleiter die Kameras bei den Förderbändern umsonst installiert. Sein verzweifelter Versuch, mich zu schnappen, unterstrich letztlich seine Verzweiflung und meine Überlegenheit und dass mich keiner der Kollegen verpfiffen hatte.

Ich schleiche mich in die Lagerhalle. Knipse die Kabel der Kameras durch. Ein Geräusch lässt mich innehalten. Ein Wachmann? Ich springe vom Band. Kauere mich darunter. Zucke zusammen. Eine Maus flitzt mir zwischen den Beinen hindurch. Als nichts weiter geschieht, klettere ich wieder nach oben. Auf die Förderbänder. Über die Förderbänder. Von Kiste zu Kiste. Von Valoron zu Valium. Von Captagon zu Dormicum.

Kurz vor Spalt sehe ich Blaulicht die Dunkelheit aufmischen. Ich bremse, verringere das Tempo. Mein Herz klopft von innen wie eine Faust gegen meinen Brustkorb. Kurz vor der Rezat steht ein Polizist mit einer Kelle. Sie leuchtet rot. Winkt er mich heraus? Zur Sicherheit halte ich an. Versuche ruhig zu atmen. Kurble das Fenster herunter.

Da sehe ich, dass die Rezat über die Ufer getreten, die Straße überschwemmt ist. Auf dem Wasser wabert Blaulicht. Ich durchkreuze es mit meinem Transporter. Gemessenen Schrittes. Mit Bedacht.

Meine Ware liefere ich bei der Apotheke in Spalt ab. Rase weiter nach Roth. Der Regen schlägt auf die Karosserie. Ein roter BMW folgt mir. Obwohl ich den Tacho trotz der überschwemmten Straßen und des Aquaplaning stellenweise auf hundertfünfzig hochjage, schaffe ich es nicht, ihn abzuhängen. Kurz vor Roth ist er verschwunden; scheinbar.

Ich schleiche über das Kopfsteinpflaster in die Rother Altstadt. Im Fenster zwischen dem Fachwerk im ersten Stock der Burgapotheke ist es dunkel. Ich spähe in die Einfahrt linker Hand hinter dem Rundturm. Keine Polizei. Ich blinke vorschriftsmäßig rechts, parke vor dem schmalen Fachwerkhaus mit den roten Türrahmen im Erdgeschoss. Zum ersten Mal frage ich mich, ob es schief steht.

Von Uschi ist immer noch nichts zu sehen. Wurde sie als Komplizin verhaftet? Ein schwarzer Audi biegt um die Ecke: Zivilpolizei? Schleicht vorbei. Ich nehme die nächste Kiste. Tue so, als hätte ich die Zivis nicht bemerkt. Stelle die Kiste vor die Tür. Ich steige wieder in den Transporter und setze meine Tour fort. Trotz etlicher Tabletten fallen mir immer wieder die Augen zu. So auch kurz vor Abenberg; die erleuchtete Burg ... über der Stadt ... die Gräfin ... Feuer ... Erde ... Schwärze ... Nacht. Ein dröhnendes Hupen. Gleißende Lkw-Scheinwerfer. Ich reiße das Lenkrad herum. Mein Schädel zerschmettert die Windschutzscheibe. Blut spritzt. Glas splittert. Mein Gehirn ...

Ich schnellte von meinem Schreibtisch hoch. Neben mir umgekippte, leere Weinflaschen, zerknüllte Medikamentenpackungen, Fläschchen, Tabak- und Haschkrümel. Ich sah aus dem Fenster, in den Burghof. Blaulicht erhellte den Burghof. Eine Armada an Streifenwagen und Polizeibussen preschte in den Hof. Am Pool vorbei. Ich krallte die Packungen und Fläschchen und knallte sie in die Toilette. Spülte. Sie bäumten sich auf gegen ihren Untergang. Ich flüchtete die steile Holztreppe hoch.

Da pocht es gegen die Tür: »Aufmachen! Polizei!« Ich versuche mein ausgelutschtes Gehirn in Gang zu bringen. Zu überlegen, ob sich noch Stoff in unserem Keller oder sonst wo befindet. Der Rammbock dröhnt gegen meine Gedanken, gegen die Holztür des Schottenturmes. Holz splittert, die Tür springt auf, vermummte SEK-Beamte jagen nach oben. Blenden mit knallenden Granaten.

Ich zwänge mich unter die Treppe, die in den dritten Stock hinaufführt. Reiße die blutrote Holztür auf. Und stehe auf der schmalen, bewachsenen Burgmauer ohne Geländer. Flüchte. Links von mir Abgrund. Ein Burghof voll schwer bewaffneter Bullen rechts von mir. Und hinter mir der Schottenturm voller Stoff und noch mehr Bullen. Die Burgmauer wird immer schmaler. Da sehe ich die Gräfin am Fenster mit ihrem unvergleichlichen Lächeln. Ich bleibe stehen. Lächle zurück. Werde umgeworfen. Knalle auf den Boden. Ein Knie auf dem Kopf. Auf der Wirbelsäule und im Steiß. Handschellen klicken.

Ein Gericht verurteilte mich wegen Diebstahls und Drogenhandels zu einigen Jahren Haft. Da ich aufgrund meines ständigen Rausches nur eingeschränkt schuldfähig war, wurde ich zu einer Therapie statt Knast verurteilt. Neben den öden Gesprächsrunden schrieb ich den Roman fertig und veröffentlichte ihn in einem großen Publikumsverlag. Er schlug dermaßen ein, dass er monatelang auf den Bestsellerlisten stand. Filmrechte und Übersetzungen in mehrere Länder wurden verkauft.

Natürlich wollt ihr wissen, wie die Geschichte geendet hat. Asa wollte mit dem Diebstahl der Medikamente so viel Geld erwirtschaften, dass die Gräfin damit die Renovierung der

Hälfte der Burg durchführen konnte, die noch ihr gehörte. Den anderen Teil hatte sie bereits an die Stadt Abenberg verkauft. So zumindest sein Teil der Wahrheit. Sie log ihm vor, dass er dann mit ihr im Turm wohnen könne. Er hoffte mich dadurch loszuwerden und damit den Neid, dass er es nie geschafft hatte, einen Roman zu schreiben. Allerdings hatte er die Rechnung ohne die Gräfin gemacht. Die wollte die Burg so oder so verhökern und sich mit mir andernorts ein neues Leben aufbauen. Aber zuerst mussten wir noch den Film abdrehen, in dem ich und die Gräfin die Hauptrolle spielten. Titel: *Abgedreht*. Nach dem Roman von Asa Ego.

Und so trat ich mit Revolvern in den Fäusten aus dem Schottenturm der Burg Abenberg. Blindlings schoss ich in die Meute auf dem Burghof.

Roland Spranger
Ich bleib auf keinen Fall alleine hier

Kleiner Brombachsee

»Hast du eine Ausrede?«

»Ausrede hört sich so negativ an.«

»Hast du eine stichhaltige Erklärung für deinen Mann?«

»Ich recherchiere.«

»Du hast es einfach. Autorinnen recherchieren immer. Vor allem dann, wenn sie wie du historische Romane schreiben.«

»Ich dachte, meine Bücher gefallen dir.«

»Nicht so empfindlich. Sie gefallen mir. Bis auf die Sexszenen. Mit denen könntest du dir noch ein bisschen mehr Mühe geben.«

»Deshalb treffen wir uns ja. Recherche. Und was hast du deiner Frau erzählt?«

»Ich gehe mit meinem Freund Oli wandern.«

»Echt? Und das glaubt dir Greta?«

»Oli wandert gern.«

»Und wie steht's um deine Wanderlust?«

»Greta findet, dass ich was für meine Fitness tun muss. Und für mein Seelenheil. Ohne Handy, damit ich mich mal von allem frei machen kann.«

»Bei mir kannst du dich immer frei machen.«

»Vor allem muss ich mir so nicht ständig bei WhatsApp neue Lügengeschichten einfallen lassen. Oli musste ich natürlich einweihen.«

»Hält er dicht?«

»Ja. Er will, dass ich ihm alles genau erzähle. Er mag deine Bücher auch. Ich hab sie ihm ausgeliehen.«

»Wow. Gleich zwei Fanboys. Will er mitkommen? Vielleicht hätte ich so Gelegenheit, alle meine männlichen Leser kennenzulernen.«

»Sehr witzig.«

»Du musst nicht eifersüchtig sein. In meinem Genre sind Groupies die Ausnahme.«

»Ich bin nicht eifersüchtig. Ich bin geil.«

»Wehe, du machst es dir, bevor wir uns sehen.«

Kate Malfie fotografiert ihren champagnerfarbenen Reisetrolley mit dem ausgebreiteten Archäologieset davor. Karabinerhaken, schön auffällig an der Umhängetasche platziert. Ausklappbare Metallschaufel. Hammer. Lupe mit montierbarem Ständer. Pinsel. Pinzette. Natürlich wird sie das Archäologieset nicht brauchen. Sie hat es nur für die Show im Netz gekauft. 34,99 € im Onlineshop. Sie stellt das Foto bei Instagram und Facebook ein. Sofort gehen die ersten Daumen nach oben, und die Wow-Emojis mit offenem Mund gesellen sich dazu.

Die Kundschaft will bedient werden. Die Leserinnen historischer Romane lieben es, wenn sich Autorinnen auf Recherche begeben. Abenteuer erleben, die sie selbst nie haben können, weil sie dafür nicht bereit sind. Sie sitzen ja lieber im Liegestuhl oder im Relaxsessel. Manche lesen in der Hängematte im Garten, während sich der Rasenmähroboter unter ihnen voranarbeitet. Die Fans saugen dankbar jedes Fitzelchen Risiko auf, selbst wenn es frei erfunden ist.

Kate Malfie ist ein Pseudonym. Wohlklingender als Tatjana Zabel – die Frau, die wirklich die Bücher geschrieben hat. Zuletzt:

Die nachtblaue Kathedrale. Die Hexe und der Stein der Weisen. Die Hure und der Pestfluch. Rosen und Asche.
Von der Hexe und der Hure gibt es jeweils eine eigene Serie. Fünf und sieben Bände. Im letzten Jahr hat Kate drei Bücher herausgebracht. Sie muss schnell arbeiten. Die Leserinnen von historischen Romanen sind Vampire, die ein Buch aussaugen, bevor man »Mittelalter« sagen kann. Manchmal bedient Tatjana als Kate Malfie das Klischee von der Dichterin und der Flasche. Dann trinkt sie, um den Schreibprozess zu befeuern. Zuerst lässt der Alkohol die Gedanken aufblitzen, und die Konzentrationskurve geht steil nach oben, aber nach dem Peak stürzt die Kurve genauso schnell ins Bodenlose. Seite für Seite, in Rekordgeschwindigkeit in die Vertikale gebracht, bis die Kreativität nicht mehr durch den Nebel kommt, und dann geht sie ins Wohnzimmer und beschimpft Christian, der gerade eine Folge *Mindhunter* schaut. Die Literaturvampirinnen sind Serienkiller. Sie verleiben sich Roman für Roman ein und glauben, dass die Autorin ihnen gehört. Dass sie ein Anrecht auf sie haben. Beim Umblättern befeuchten sie die Zeigefinger, um das Umblättern effizient zu unterstützen. Pageturner. Es ist ungewöhnlich, in einem Online-Leseforum auf einen Mann zu stoßen. Es ist sexistisch, dass einem so etwas auffällt, aber wenn es halt so ist ... So hat sie Robert kennengelernt. Und der Rest ist Geschichte.

Robert Kühnel packt seine Wandersachen zusammen. Alles neu gekauft in der Erlebnisfiliale eines fairen und nachhaltigen Anbieters. Jetzt hat er hochwertige, grüne Produkte ohne PVC, ohne Herstellung in »risk countries«, ohne Mulesing. Robert musste erst mal googeln, was »Mulesing« ist. Dann hätte er fast gekotzt. Es bezeichnet das Entfernen von Fleisch und Haut um den After von Schafen, um sie von parasitären Fleischfressern zu schützen, die vom Gewebe, den Körperflüssigkeiten oder dem Darminhalt des Wirts leben. Jetzt hat er also mulesing-freie Outdoor-Oberbekleidung. Windabweisend. Leicht. Mit UV-Schutz. Sonnenbrille. Buschhut mit mikroporöser Konstruktion, damit Luft durchkommt. Beim Wandern ist natürlich das Schuhwerk besonders wichtig. Er hat sich den High-Price-Testsieger geleistet, empfohlen für Fernwanderungen in leichtem und schwierigem Gelände. Wasserdicht. Griffige Gummisohle. Sehr gut dämpfende Mittelsohle mit neutralem Abrollverhalten.

Wird er alles nicht brauchen. Er hat nicht wirklich vor zu wandern. Sich Blasen zu holen. Natürlich muss er den Schuh eine gewisse Zeit tragen, damit er getragen ausschaut.

Greta kommt mit dem Baby herein. Es schläft zufrieden auf ihrer Schulter und sabbert aus dem Mund. Das Baby hat noch keine Ahnung von dem ganzen Scheiß, der jeden neuen Erdenbürger erwartet.

»Ich freu mich, dass ihr endlich mal einen Männerausflug zusammenkriegt«, sagt Greta.

»Was freut dich daran?«

»Es hat lange gedauert, bis ihr einen passenden Termin gefunden habt. Und du kannst es brauchen.«

»Was willst du damit sagen? Wieso kann ich es brauchen?«

»Du bist gestresst.«

»Behandle ich dich etwa schlecht? Oder den Kleinen?«

»Nein. Du kannst es einfach brauchen. Und Wandern beruhigt.«

»Ich bin beruhigt.«

»Danach bist du noch beruhigter.« Greta dreht sich um und geht aus dem Zimmer.

Ja, danach bin ich noch beruhigter, denkt sich Robert.

Er packt das Klappmesser ein. Rutschfester, gummibeschichteter Griff. Schwarze Klinge mit partiellem Wellenschliff. Im Notfall kann ein Glasbrecher am Griffende Scheiben zertrümmern. Schaut cool aus und liegt gut in der Hand. Ein Klappmesser kann man immer brauchen.

Tatjana klopft an die Badezimmertür.

Die meisten ihrer Leserinnen können sich nicht vorstellen, dass Kate Malfie an eine Badezimmertür klopft, weil sie glauben, dass Autorinnen in ihrem Haus vierundzwanzig Badezimmer haben. Wie Harry Potter. Oder seine Erfinderin.

Tatjana klopft heftiger. Keine Reaktion. Sie geht ins Wohnzimmer. Christian sitzt mit seinen Bluetoothkopfhörern auf der Couch. Sie lässt sich in den Sessel gegenüber fallen. Ihr Ehemann wippt gleichmäßig mit dem Schädel. Sie tut so, als würde sie etwas sagen, bewegt aber nur stumm die Lippen. Christian nimmt den Kopfhörer ab. Aus den Ohrmuscheln drängt sich leise ein Saxofon nach vorn.

»Lea macht die Badezimmertür nicht auf«, sagt Tatjana.

»Brauchst du noch was?«

»Mein Kulturbeutel ist drin.«

»Ich finde, Kulturbeutel ist ein blödes Wort.«

»Er ist noch drin.«

»Lea fliegt in vier Stunden zu ihrer Freundin nach Barcelona. Da muss sie vorbereitet sein. Sie ist fünfzehn.«

»Wenn sie so weitermacht, verpasst sie den Flieger. Was hörst du?«

»*Blue Train* von John Coltrane.«

»Seit wann interessierst du dich für Jazz?«

»Schon eine Weile. Hat sich so ergeben.«

»Hast du eine Andere?«

Christian schüttelt den Kopf. »Du?«

Tatjana lacht. Ihr fällt auf, wie gekünstelt es sich anhört. »Ich steh nicht auf Frauen«, sagt sie.

Christian schaut sie an. Tatjana verdreht die Augen.

»Oder nur, wenn nichts anderes da ist.«

»Ja, so kenn ich dich.« Er setzt den Kopfhörer wieder auf.

»Nur alte Säcke interessieren sich für Jazz.«

Christian runzelt die Stirn. Die Augenbrauen rutschen nach oben. Er hebt eine Ohrmuschel an. »Was hast du gesagt?«

»Nur alte Säcke interessieren sich für Jazz.«

»Dann bin ich ja in der richtigen Lebensphase dafür.«

Die Badtür wird aufgerissen und knallt an die Wand. Nackte Füße rennen über den Parkettboden.

»Ich hole meinen Kulturbeutel.«

»Es ist gar kein Beutel. Viel Spaß bei deiner Recherche.«

Natürlich können sich die Leserinnen Kate Malfie nicht in einem Stau auf der Autobahn vorstellen. Wie sie sich links in die Rettungsgasse einreiht, damit die Feuerwehr zu einem umgestürzten Lastzug durchkommt. Wie sie Fahrer- und Beifahrerscheibe herunterfährt, damit ein bisschen Luft ins Auto strömt. Die Sonne bläst sich heute besonders auf, um klarzumachen, dass sie nicht mit sich Spaßen lässt. *Auf dieser Strecke braucht ihr derzeit vierzig Minuten länger.* Nachdem sich Tatjana lang genug durch die miese Chartmucke zwischen den Verkehrsmeldungen gequält hat, holt sie ihr Handy aus der Handtasche und verbindet es über Bluetooth mit der Audioanlage. Sie startet ihre Stau-Playlist und wippt eine Zeit lang mit dem Kopf. Dann macht sie die Musik aus. Wenn The Delines sie nicht mehr beruhigen, was dann?

Robert Kühnel kommt erstaunlich gut durch. Nicht mal Stop-and-go, sondern meistens Überholvorgang mit Lichthupe auf der linken Spur. Um die lange Fahrt sinnvoll zu nutzen, stellt er eine Sprachlern-App ein und absolviert eine Italienisch-Lektion mit Redewendungen. *Piove sul bagnato. Acqua in bocca.* Seine Aussprache gefällt ihm. Sie ist sexy. Er betrachtet sich im Rückspiegel. So wie er aussieht – das Grübchen im Kinn, der Körper definiert –, kann er natürlich jede Frau haben, aber Kate Malfie will er beeindrucken. Immer wieder. Obwohl sie sich nun schon oft hatten. Sie passen gut zusammen. Er hätte nicht gedacht, dass er einmal bei einem Star landet. Im Bio-Seehotel am Kleinen Brombachsee wird er sofort über sie herfallen.

Was er nicht weiß: Sie wird ihn erst einmal von sich wegdrücken. Mehr mit diesem gebieterischen Blick, den nur sie draufhat, als mit ihren zarten Händen. Roberts Grübchen am Kinn und der definierte Körper kommen nicht gegen die Strenge von Kate Malfie an.

»Das heben wir uns für später auf«, wird sie sagen. »Ich habe heute Abend besondere Pläne für uns.«

Ihre geschminkten Lippen sind so nah an seinem Ohr, dass er ihren Atem spüren kann, als sie flüstert: »Ich will, dass wir es im Freien machen. Am See. Im Wald. Im Schlosspark. An einem öffentlichen Ort, an dem jeden Moment jemand erscheinen kann. Oder uns beobachten. Ich glaube, es würde mich anmachen, wenn jemand zuschaut.«

Sie atmet absichtlich noch einmal kräftig in sein Ohr. Fast ist es ein Seufzen. Dann entfernen sich ihre Lippen wieder und lächeln ihn an.

»Hast du eine Decke und Zeckenschutzspray dabei?«, fragt Robert.

»Ich bin ja sehr für Spontaneität, aber der Zufall begünstigt nur den vorbereiteten Geist«, antwortet sie in einem absoluten Tonfall. Dann fängt sie laut an zu lachen. Robert stimmt ein, bis Tatjana ernst sagt: »Zuerst wird aber gearbeitet.«

»Gearbeitet?«

»Recherche.«

»Muss das sein?«

»Muss.«

In der Kirche schaut sich Tatjana kurz um, dann geht sie schnurstracks auf die richtige Stelle zu. Wie immer ist sie gut vorbereitet. Sie zückt das Smartphone und macht ein Foto.

Ein Ritter in schwarzer Rüstung auf einem Pferd. Die Zügel fest in der Hand, das Visier geöffnet. Rotblonder Bart, eher rot. Den Blick aufmerksam zur Seite gerichtet. Der Kopf des Pferdes ist vom Bildrand zerschnitten. Das übrig gebliebene Auge starrt. Wie in eine Kamera. Auf den Moment. Als wäre es der Moment, vor dem das Tier immer Angst gehabt hatte, seit seine Mutter es davor gewarnt hatte.

»Das Gemälde ist ein bisschen enttäuschend«, sagt Robert.

Tatjana starrt ihn entgeistert an. »Und was, bitte, findest du daran enttäuschend?«

»Es ist ziemlich klein.«

»Tatsächlich? Weißt du, als Frau ist man es gewöhnt, sich auch an Dingen zu erfreuen, deren Größe sich nicht mit den eigenen Erwartungen deckt.«

»Soll das eine Anspielung sein?«

»Natürlich nicht. Ich wusste ja, dass das Bild etwa zwanzig mal fünfundvierzig Zentimeter groß ist.«

»Wer ist der Kerl eigentlich?«

»Thomas von Absberg. Typischer Raubritter. Hatte sich auf Entführungen spezialisiert. Kaufleute, Ratsherren, Diplomaten. Er brachte sie auf verschiedenen Burgen sympathisierender fränkischer Adelsfamilien unter und wechselte oft den Standort.«

»Hört sich nach einer coolen Gangsterstory an, aber wahrscheinlich hat sie ein unschönes Ende.«

»Das ist das Problem mit Leuten, die man beklauen oder erpressen will: Sie haben genug Kohle. In diesem Fall riefen die reichen Nürnberger den Schwäbischen Bund zu Hilfe. Im Fränkischen Krieg zerstörte die Armee zuerst die Burg der Absberger hier im Ort und dann die Burgen ihrer Verbündeten. Übrigens auch das Rote Schloss auf dem Großen Waldstein im Fichtelgebirge. Eine Mördergrube. Wir waren schon mal da. Tolle Aussicht. Du erinnerst dich vielleicht.«

»Mit dir kommt man ganz schön rum. Was wurde aus diesem Thomas von Absberg?«

»Er konnte ins Böhmische entkommen und hat von dort aus seine Gangstergeschäfte noch etliche Jahre betrieben. Dann wurde er von einem seiner Mitstreiter umgebracht. Darauf läuft es fast immer hinaus.«

»Gibt's auch eine Liebesgeschichte?«

»Auf jeden Fall. Die denke ich mir aus.«

»Ist keine überliefert?«

»Die ausgedachten Liebesgeschichten sind meistens besser. Komm, wir besuchen die Überreste der Burg.«

»Muss das sein? Ich dachte, wir gehen zum Baden. Es ist ein richtig heißer Sommertag.«

»Wir sind nicht zum Spaß hier. Jedenfalls nicht nur.«

Robert schaut sich um, während Kate Malfie Fotos macht, vor allem Selfies, die sie sofort bei Instagram einstellt. »Hier ist keine Burg mehr«, sagt er.

Tatjana verdreht die Augen. »Wir stehen mitten in einem sehr auffälligen, breiten Halsgraben. Da ist der Burgberg.«

»Ein bewachsener Hügel. Und neben uns weiden Schafe.«

»Du bist ein Ignorant. Ich weiß nicht, warum ich mich mit dir treffe.«

»Weil wir guten Sex haben.«

Tatjana dreht sich um und starrt Robert in die Augen. »Vielleicht ist deine Vergleichsgruppe nicht besonders groß.«

Robert sucht nach einer italienischen Redewendung, die ihn die Demütigung elegant mit der Rückhand zurückspielen lässt.

Kate Malfie fängt an zu lachen und zeigt mit ausgestrecktem Finger auf ihn. Sie sieht aus wie eine Hollywooddiva aus einem goldenen Hollywooddiven-Zeitalter.

»Haha. Du stehst da wie ein begossener Pudel. Hahaha. Komm, wir gehen baden.«

Als er aus dem Wasser kommt, läuft er direkt auf ihren nackten Po zu. Er kennt den Arsch von Kate Malfie. Er nimmt das Handtuch und trocknet sich ab.

Tatjana tippt mit ihren zwei Daumen schnell auf dem Display des Smartphones.

»Was machst du?«

»Ich chatte mit meiner Lea. Sie ist gerade mit dem Flugzeug in Barcelona angekommen.«

»Und was schreibt sie?«

»Emoji mit Kussmund.«

Robert legt sich neben Tatjana und schaut über das Wasser des Kleinen Brombachsees.

»Da drüben die Halbinsel ist Naturschutzgebiet.«

Tatjana dreht sich um und setzt sich auf. Einmal hebt sie kurz die Sonnenbrille. »Schaut schön wild aus.«

»Dichte Vegetation und Brachflächen. Blütenreiche Wiesen und Flachmoorfragmente. Leider kein Zutritt.«

»Du bist gut informiert.«

»Wikipedia. Wäre vielleicht was für uns heute Abend. Schön wild.«

»Ich will nicht von einem Förster mit Nachtsichtgerät erwischt werden, während wir Nistplätze im Vogelschutzgebiet plattwalzen.«

»Ich wusste nicht, dass du unter die Naturschützer gegangen bist.«

»Wie wär's hiermit?«

Robert schaut sich um, während Tatjana ihren Wissensvorsprung ausbreitet: »Auf den einschlägigen Seiten im Internet ist der FKK-Strand am Kleinen Brombachsee berühmt. Schöner Sandstrand. Wiesen. Dahinter Wald. Angeblich sind am FKK-Strand häufig Swinger aktiv. Paare finden hier immer Männerüberschuss. Oder Zuschauer. Und es gibt genug Nischen, in die man sich diskret zurückziehen kann.«

Robert nickt. »Warum nicht? Das mit den Zuschauern macht dich echt an, oder?«

»Hast du ein Problem damit?«

»Nein, überhaupt nicht.«

»Komm, wir gehen zum Kiosk. Ich hab Hunger.«

Tatjana betrachtet sich im Hotelzimmerspiegel. Sie überlegt, ob sie halterlose Strümpfe anziehen soll, aber halterlose Strümpfe sind an einem FKK-Strand irgendwie überflüssig. Vor allem nachts, wenn das Outfit keiner sieht. Sie entscheidet sich für ein Minikleid ohne Unterwäsche.

Während es dämmert, trinken Tatjana und Robert gemeinsam ein Bier auf der Hotelterrasse. Dabei knutschen sie. Bringen sich in Stimmung, bis es dunkel ist. Dann fahren sie in Roberts Auto zum FKK-Strand. Auf der anderen Seite des Sees steigt der Vollmond hinter dem Wald empor. Der Kiosk ist geschlossen. Ein einzelner Herr lehnt an der Veranda und schaut sie interessiert an. Ein paar Meter folgt er ihnen.

»Findest du den gut als Zuschauer?«, flüstert Robert.

»Spinnst du?«, zischt Tatjana. »Der Typ ist absolut gruselig. Er schaut aus wie mein Lateinlehrer in der 6. Klasse. Und einen ähnlichen Geruch hat er auch.«

Robert dreht sich um: »Hey, Alter, kein Bedarf!«

Sofort zieht sich der Mann zurück. Vermeidet Blickkontakt.

Auf dem Sandstrand zieht Tatjana die Schuhe aus. Zwei Paare kommen ihnen entgegen. Sie kichern. Auf gleicher Höhe mit Robert und Tajana halten sie den Atem an. Dann prusten sie los. Lachen laut.

»Die hatten Spaß«, sagt Robert. »Für einen Werktag ist echt was los.«

Sie gehen an einem Defibrillatorkasten vorbei. An einer Umkleide, die genauso selten benutzt wird wie der Schockgeber. Weiter über eine Lichtung in den Wald. Nur ein kurzes Stück hinter den Bäumen kommt eine weitere Lichtung. Auf der Wiese liegt etwas.

»Ein Paar ist das nicht«, sagt Tatjana leise.

»Männerüberschuss«, antwortet Robert. »Zuschauer oder Mitmacher. Willst du doch.«

Sie bleiben etwa zehn Meter entfernt stehen. Eine einzelne nackte Person. Die Haut schimmert blau im Mondlicht. Tatjana breitet die Decke aus. Robert drückt seinen Unterleib von hinten an sie und fasst ihr grob an die Brüste. Sie kann seinen steifen Schwanz spüren. Sie gleiten auf die Decke. Sie küssen sich wild. Seine Hand sucht sich unter ihrem Kleid den Weg. Keine Unterwäsche stört. Sie öffnet seinen Gürtel, seinen Reißverschluss und saugt ohne zu zögern an dem, was ihr entgegenspringt. Während sie den Kopf auf und nieder bewegt, schaut sie auf die regungslose Gestalt im Mondlicht. Die blaue Haut.

Sie nimmt Roberts Penis aus dem Mund und sagt leise: »Der schaut nicht.«

»Ja, und?«

»Er ist auch kein Mitmacher.«

»Lass dich doch davon nicht stören.«

Tatjana richtet sich auf und flüstert auf eine laute Art »Hallo«. Keine Antwort. Keine Bewegung.

»Hallo.« Diesmal leiser. »Er antwortet nicht. Das ist doch seltsam.«

»Ich hab keine Lust mehr auf den Scheiß. Lass uns zurück ins Hotel gehen. Ins Bett. Wir können einen Porno schauen, der uns anmacht.«

Tatjana steht auf und geht ein paar Meter. »Hallo«, sagt sie jetzt lauter.

Robert folgt ihr widerwillig. Vor ihnen ruht ein dicker Mann im Gras. Bewegungslos. Auch noch, als sie direkt vor ihm stehen. Tatjana stellt die Taschenlampe ihres Smartphones an. In die Schädeldecke des Mannes drückt sich ein unförmiges Loch. Daneben im Gras Blut und Gehirnmasse.

Robert atmet kräftig aus und dreht sich weg. Tatjana schaut sich die Leiche noch länger an.

Sie löscht das Licht der Taschenlampe.

»Ich kotz gleich«, sagt Robert.

»Reiß dich zusammen.«

Gemeinsam starren sie auf den Körper im Gras, der jetzt nur noch schemenhaft erkennbar ist. Sie können sich atmen hören. Das Nichtatmen des Manns zwängt sich unnachgiebig dazwischen.

»Wir müssen die Polizei rufen«, sagt sie und wischt über das Display ihres Smartphones.

»Warte.« Robert hält ihre Hände umschlungen. »Denk nach: Wenn wir die Polizei rufen, erfahren unsere Partner früher oder später davon, dass wir gemeinsam hier waren. Dass wir eine Affäre haben.«

Sie lässt das Handy sinken. »Der ist ermordet worden.«

»Offensichtlich.«

»Wenn du ermordet worden wärst, würdest du wollen, dass jemand die Polizei ruft.«

»Stimmt. Aber was hätte er davon, wenn unser Leben zerstört wird? Nichts. Wenn ihn ein anderer findet, könnte die Gerechtigkeit trotzdem noch ihren Sieg feiern.«

»Ein anderer?«

»Spätestens morgen früh.«

»Und so lange liegt er da?«

»Das stört ihn nicht mehr.«

Tatjana macht noch mal die Taschenlampe an und leuchtet auf die Leiche.

»Muss das sein?«, sagt Robert gequält.

Sie macht das Licht aus.

Er atmet schwer. Das Denken bereitet ihm Mühe. »Wir sollten wirklich abhauen.«

Tatjana schüttelt den Kopf. »Du reagierst panisch. Der Mandelkern im Hirn ist besonders aktiv. Deshalb willst du davonlaufen. Flucht hilft beim Säbelzahntiger. Manchmal. Wahrscheinlich ist meistens der Tiger schneller.«

»Wir können ihm nicht mehr helfen. Ich will dafür nicht meine Ehe ruinieren.«

»Und was ist mit mir?«

»Ich verehre dich.«

»Mich oder Kate Malfie?«

»Wir hatten abgesprochen, dass wir keine Ansprüche aneinander haben. Dass wir alles in Freiheit genießen.«

»Schon klar. Und wie willst du hier rauskommen? Spurensicherung. Schon mal davon gehört?«

»Wir waren schon heute Nachmittag hier.«

Oben an der Straße fährt ein Auto vorbei. Bis das Motorengeräusch verschwindet: Atem anhalten. Sinnloser Impuls.

»Okay«, sagt Robert, »ich hab eine Idee: Es reicht, wenn nur einer von uns die Leiche findet. Wenn wir nicht miteinander in Verbindung gebracht werden, haben wir keine Nachteile. Und trotzdem rattert die Strafverfolgung los.«

»Ich bleib auf keinen Fall alleine hier.«

»Aber du musst.«

Sie leuchtet ihm mit der Taschenlampe ins Gesicht. »Warum sollte ich?«

»Die Polizei wird die Handydaten abgleichen. Man kann so feststellen, wer in der Umgebung der Leiche war.«

Sie löscht die Taschenlampe. »Dann bist du stress- und sorgenfrei raus, weil du ohne Smartphone wandern warst.«

»Gönnst du mir das nicht? Ich dachte, du würdest mich lieben.«

Sie ohrfeigt ihn. Als er etwas sagen will, ein zweites Mal. Sie schweigen. Eine halbe Minute vielleicht. Oder eine ganze. Selbst die Zeit fühlt sich komisch an.

»Ich bleib auf keinen Fall alleine hier«, sagt sie noch einmal. »Vielleicht ist der Täter noch in der Nähe. Oder *die* Täter.«

Sie stellt die Taschenlampe an. Der Lichtkegel reicht gerade bis zu ihrer Decke. Taschenlampe aus.

»Beruhig dich doch. Hast du jemanden gesehen?«

»Es ist dunkel.«

»Oder gehört? Hier ist niemand.«

»Vielleicht beobachtet uns der Mörder schon die ganze Zeit. Oder *die* Mörder.«

Er kramt in seiner Hosentasche, holt schließlich ein Klappmesser heraus und reicht es ihr. »Hier. Damit kannst du dich verteidigen.«

Tatjana tastet ungläubig den Gegenstand ab. »Mit deinem Klappmesser?«

»Rutschfester, gummibeschichteter Griff. Schwarze Klinge mit partiellem Wellenschliff. Im Notfall kann ein Glasbrecher am Griffende Scheiben zertrümmern.«

»Du bist ja doch ein Arschloch. Behalt dein Scheißmesser.«

Er steckt es in die Hosentasche. »Was hast du denn von mir erwartet?«

»Keine Ahnung. Ein bisschen mehr. Natürlich sollte ich nichts erwarten.«

Er streichelt ihr übers Haar. Sie schlägt seine Hand weg.

»Wenn alles rauskäme, könnten wir uns nie mehr sehen«, sagt Robert.

»Oder wir wären halt zusammengeschweißt. Wir wären ein Paar.«

»Wäre das gut?«

»Ich weiß nicht.«

»Wir sollten die Entscheidung nicht neben einem toten Mann treffen. Wenn ich weg bin, musst du die Polizei rufen. Warte am besten ein paar Minuten. Nicht, dass ein Streifenwagen in der Nähe ist und mich beim Ausparken stellt.«

»Verpiss dich.«

Er rennt davon. Zuerst heben sich seine Umrisse noch vom Wald ab, von der Dunkelheit, aber dann verschmilzt er damit. Seine Schritte und sein Atem hören sich an, als würden sie nicht mehr zu einer festen Person gehören. Die Nacht macht sie lauter. Multipliziert sie. Sie scheinen von überallher zu kommen. Tatjana kann die Richtung nicht mehr mit Sicherheit bestimmen. Überhaupt wäre Sicherheit gut.

Sie steht alleine auf der Lichtung im Mondlicht. Die Bäume beugen sich ihr mit unklarer Absicht entgegen. Das Schweigen des Toten ist allgegenwärtig. Sogar der Wind hält den Atem an.

Im Wald ist ein Geräusch zu hören. Als hätte auch er Angst. Als würde er seufzen. Röcheln. Den Atem anhalten.

Tatjana wählt den Notruf.

Name.

Toter Mann.

Ort.

Es ist jemand unterwegs.

Als das Gespräch beendet ist, fühlt sie sich so allein wie noch nie in ihrem Leben. Und Kate Malfie auch. So was denkt man sich gerne aus. Und auch die Leserinnen sind froh, wenn es fiktional bleibt.

Robert ist weg. Eigentlich war er schon immer ein egoistisches Arschloch.

Sie steht allein auf einer Lichtung, und der Wald steht um sie rum. Neben ihr liegt ein Mordopfer. Vielleicht liegt sie gleich daneben. Sie will kein Loch in der Schädeldecke. Will sie nicht.

Am Rand der Lichtung nimmt sie eine Bewegung wahr. Nur aus den Augenwinkeln. Vielleicht spielen ihr die Sehnerven einen Streich. Sie sind nervös. Wie der Rest ihres Körpers. Stresshormone streuen sich aus.

Oder steht da einer?

Da steht doch einer.

Tatjana stellt die Taschenlampen-App wieder an und hält das Smartphone mit ausgestreckten Armen in den beiden Händen, wie es Cops im Fernsehkrimi mit ihrer Knarre machen.

Der Lichtkegel des winzigen Lämpchens erhellt nur die nächsten fünf Meter. Am Rand wechselt das Gras von Grün zu Grau.

Knacks. Ein Ast bricht oder ein Knochen. Nicht aus der Richtung, in der sie den Schatten vermutete. Tatjana fährt herum. Gras und Dunkelheit. Sie dreht sich mit ausgestrecktem Handy um die eigene Achse. Für den Beobachter wird sie wie ein Leuchtturm ausschauen. Für den Mörder.

Sie löscht die Taschenlampe. Das Handy behält sie in der rechten Hand. Sicherheitshalber.

Sie hält den Atem an. Und beginnt im Kopf zu zählen. Damit sie es möglichst lange schafft, nicht Luft zu holen. Sie stellt sich vor, dass sie taucht. Sie muss Leute aus einem U-Boot retten. Oder einen Schatz bergen. Dann muss sie doch atmen. Viel zu laut. Sie will nicht erwürgt werden. Sie will nicht keine Luft mehr kriegen. Sterben.

Wie stehe ich denn da?, denkt sie. Wie auf dem Präsentierteller. Vom Mondlicht schön ausgeleuchtet. Wie ein Reh, das im Fadenkreuz stehen bleibt. Dabei müsste es doch im Zickzack flüchten, bis es aus dem Schussfeld ist.

Tatjana rennt los. So schnell ist sie nicht mehr gerannt, seit sie in der 5. Klasse gegen ihre Erzfeindin Nicole Wagner im 400-Meter-Lauf gewinnen wollte.

Sie rennt Richtung Straße. Weg vom Mörder. Dorthin, wo in der Ferne die Polizeisirenen zu hören sind.

Von der Lichtung in den Wald. Von Gras zu Wurzeln, die dich packen wollen. Eine erwischt Tatjana. Sie fällt. Alles tut ihr weh. Die Schulter. Das Gesicht. Vor allem der Knöchel. Er spricht zu ihr. Er will, dass sie humpelt.

Halt die Fresse, denkt sie und rennt weiter, ohne auf die Schmerzen zu achten.

Sie will nicht erwürgt werden. Sie will auch kein Loch im Schädel.

Die Sirenen sind schon viel näher.

Jetzt bloß nicht schlappmachen.

Blaulicht leuchtet durch den Wald.

Die Rettung. Die Kavallerie.

Den Hang hoch.

Auf allen vieren.

Und dann auf die Straße.

Sie wird von einem Streifenwagen erfasst und fliegt durch die Luft.

Einen Moment schwebt sie.

Als sie auf dem Boden aufkommt, tut es weh. Dann gehen die Lichter aus.

Als Tatjana die Lider öffnet, ist es zu hell. Das Tageslicht beißt sich in die Augen.

Ein Mann und eine Frau stehen neben dem Krankenhausbett. Sie schließt die Augen wieder, weil sie erst mal denken muss.

Neustart. Updates werden konfiguriert.

Okay, denkt Tatjana.

Augen auf.

»Können Sie uns hören, Frau Zabel?«, fragt die Frau im weißen Kittel. Eine Ärztin.

Tatjana nickt.

»Nur kurz«, sagt die Ärztin.

Der Mann nickt und zeigt seinen Dienstausweis.

»Polizeioberkommissar Ohler.«

Er spricht, als sei sie schwerhörig. Sehr laut und mit zerdehnten Silben.

»Der Unfall tut uns sehr leid. Wir freuen uns, dass sie wieder wach sind.«

Tatjana nickt.

»Können Sie uns etwas über den Toten auf der Lichtung sagen?«

Sie schüttelt den Kopf.

»Es wurde noch eine zweite Leiche im Wald gefunden. Können Sie uns etwas dazu sagen?«

Ihre Augen schließen sich vollautomatisch. Ihr Hirn würde sich auch gerne abstellen, aber es denkt und denkt: eine zweite Leiche.

»Sie ist noch nicht vernehmungsfähig. Sie braucht Ruhe«, sagt die Ärztin.

»Wir haben Ihren Mann verständigt«, sagt Polizeioberkommissar Ohler.

Nachdem der Polizist und die Ärztin gegangen sind, bleibt Tatjana reglos im Bett liegen. Als eine Krankenschwester ins Zimmer kommt, fragt sie: »Wo ist mein Handy?«

»Im Nachtkästchen.«

Tatjana zieht die Schublade auf. Das Smartphone ist in einen Plastikbeutel mit Verschluss verpackt. Sie holt es heraus. Das Display ist zersplittert und wird nur noch vom Panzerglas zusammengehalten, das zum Schutz angebracht wurde. Sonst ist das Telefon voll funktionstüchtig.

Sie wählt Christians Nummer.

Er geht sofort ran. Im Hintergrund sind Geräusche zu hören.

»Hallo.«

Sie hat sich nicht überlegt, was sie sagen soll.

»Tatjana, ich bin froh, dass du anrufst. Ich sitze im Zug und bin auf dem Weg zu dir.«

Sie hat den Eindruck, dass sie sich jetzt entscheiden muss, aber sie hat keine Ahnung, wofür.

»Mir geht es gut«, sagt sie.

Die Autorinnen und Autoren

Martin von Arndt, 1968 als Sohn ungarischer Eltern geboren, lebt als Schriftsteller und Musiker bei Stuttgart und in Essen. Neben CDs sowie Film- und Hörspielmusik veröffentlichte er mehrere Romane, Theaterstücke, Lyrik und Sachbücher. Für sein Werk erhielt er zahlreiche Preise und Stipendien, darunter 2010 den Thaddäus-Troll Preis. Seit 2017 ist er Vorsitzender des Verbands deutscher Schriftstellerinnen und Schriftsteller (VS) in Baden-Württemberg. 2014 erschien der Roman *Tage der Nemesis* im ars vivendi verlag, 2016 folgte *Rattenlinien*. Mit seinem Politthriller *Sojus* (2019) stand er auf der Shortlist des Crime Cologne Award.
www.vonarndt.de

Horst Eckert, 1959 in der Oberpfalz geboren, lebt seit mehr als dreißig Jahren in Düsseldorf. Er studierte Politische Wissenschaft und arbeitete fünfzehn Jahre als Fernsehjournalist. 1995 erschien sein Debüt *Annas Erbe*. Seine Romane gelten als »im besten Sinne komplexe Polizeithriller, die man nicht nur als spannenden Kriminalstoff lesen kann, sondern auch als einen Kommentar zur Zeit« (*Deutschlandfunk*). Sie sind ins Französische, Niederländische und Tschechische übersetzt sowie mehrfach preisgekrönt (u. a. Friedrich-Glauser-Preis 2001 für *Die Zwillingsfalle*). Zuletzt erschienen die Thriller *Wolfsspinne* (2017), *Der Preis des Todes* (2018) und *Im Namen der Lüge* (2020).
www.horsteckert.de

Pauline Füg lebt in Fürth als freie Autorin und Poetry Slammerin. Die studierte Diplom-Psychologin ist eine der bekanntesten Bühnenpoetinnen im deutschsprachigen Raum. 2011 wurde sie mit dem Kulturpreis Bayern und 2015 mit dem Kulturförderpreis der Stadt Würzburg ausgezeichnet. Sie gibt Poetry Slam- und Kreativ-Workshops für Theater und Schulen, in ihrem Projekt DemenzPoesie arbeitet sie kreativ mit dementiell erkrankten Menschen. 2010 erschien ihr Lyrikband *die abschaffung des ponys*, 2015 die CD ihres Elektropoesie-Projektes großraumdichten mit dem Titel *langsamer als die dunkelheit*. 2021 folgte der Lyrikband *nach der Illusion* (Lektora Verlag).
www.paulinefueg.de

Tommie Goerz hat Soziologie, Philosophie und Politische Wissenschaften studiert und wohnt in Erlangen. Nach zwanzig Jahren bei einem der größten Agenturnetzwerke der Welt war er Dozent an der Georg-Simon-Ohm-Hochschule Nürnberg und der Faber-Castell-Akademie in Stein. Bei ars vivendi erschienen u. a. *Schafkopf* (2010), *Dunkles* und *Leergut* (2011), *Auszeit* (2012), *Einkehr* (2014), *Schlachttag* (2016), *Nachtfahrt* (2018) und *Stammtisch* (2019). Zusammen mit dem Fotografen Walther Appelt veröffentlichte er 2019 den Band *In fränkischen Wirtshäusern*. 2020 erschien sein Kriminalroman *Meier*.
www.tommie-goerz.de

Thomas Kastura lebt mit seiner Frau und seinen beiden Töchtern in Bamberg, studierte Germanistik und Geschichte und arbeitet als Autor für den *Bayerischen Rundfunk*. Seit 1998 veröffentlichte er zahlreiche Erzählungen, Jugendbücher

und Kriminalromane. Er ist außerdem Herausgeber der Krimianthologien *Tatort Garten* und *To die, or not to die*. 2012 erschien der Sammelband *Drei Morde zu wenig* mit seinen Brandeisen & Küps-Geschichten, 2015 folgte *Fünf Leichen zu viel*, 2017 *Sieben Tote sind nicht genug*.
www.thomaskastura.de

Tessa Korber studierte Literatur und Geschichte, ist freie Autorin und wurde mit ihren historischen Romanen bekannt. Bei ars vivendi erschienen ihre Kurzkrimis *Das Leben ist mörderisch* (2010), ihr historischer Kriminalroman *Todesfalter* (2011) sowie *Die Saubermänner* (2013). Zudem gab sie die Krimianthologien *Fiese Morde in der Provinz* (2011), *Auf leisen Pfoten kommt der Tod* (2013), *Bocksbeutelmorde* (2016) und *Weinfrankenmorde* (2019) heraus. 2020 erscheint ihr Kriminalroman *Noch einmal sterben vor dem Tod*. Tessa Korber ist Trägerin des Forchheimer Kulturpreises 2010 und lebt in Nürnberg.
www.tessa-korber.de

Friederike Schmöe verfasst in ihrer Schreibwerkstatt seit 2000 Kriminalromane und Kurzgeschichten, gibt Kreativitätskurse für Kinder und Erwachsene und veranstaltet Literaturevents, auf denen sie in Begleitung von Musikern aus ihren Werken liest. Ihr literarisches Universum umfasst unter anderem die Krimireihe um die Bamberger Privatdetektivin Katinka Palfy und eine Krimiserie mit der Münchner Ghostwriterin Kea Laverde als Hauptfigur sowie Romane für Jugendliche und Reisebücher. 2020 erschien ihr neuester Roman *Rhöner Nebel*. *www.friederikeschmoee.de*

Leonhard F. Seidl, 1976 geboren, lebt in Fürth und ist Schriftsteller, Journalist, Herausgeber und Dozent für Kreatives Schreiben. Sein vierter Roman *Fronten* (2017, Edition Nautilus) war für mehrere Preise nominiert und wurde 2019 als Theaterstück uraufgeführt. Seidl ist Vorsitzender des Verbands deutscher Schriftstellerinnen und Schriftsteller (VS), Mittelfranken, und Mitglied des PEN. Er hat zahlreiche Preise und Stipendien erhalten, u. a. ein Stipendium der Stiftung Literatur (2019), das Literaturstipendium des Mittelalterlichen Kriminalmuseums Rothenburg o.d.T. und Turmschreiber in Abenberg (2020). 2021 erschien sein Schelmenroman *Der falsche Schah* (Volk Verlag).
www.textartelier.de

Roland Spranger schreibt Theatertexte, Romane, Short Stories und was sonst noch sein muss. Zuletzt erschienen der Roman *Tiefenscharf* und das Theaterstück *Der Rest*. Nebenbei ist er Moderator einer Talkshow ohne Kameras und seit 2020 Mitinitiator des Podcasts *Kunstverächter*. 2013 wurde er mit dem Friedrich-Glauser-Preis für den »Besten Kriminalroman« ausgezeichnet. Lebt und arbeitet in Hof.